13歳からの行動経済学

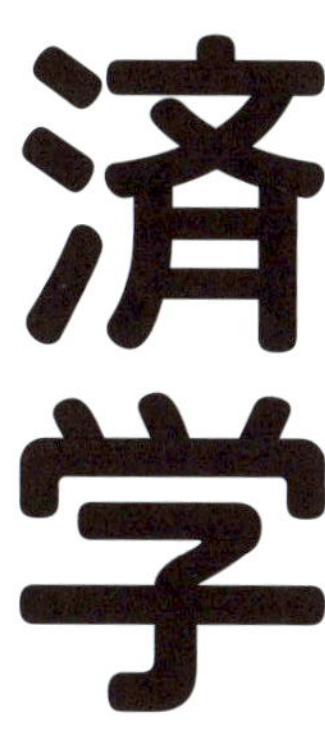

推し活中学生のお小遣い奮闘記

名古屋商科大学教授
太宰北斗＝監修

ナツメ社

はじめに

2、4、6……。さて、次に続く数字はなんでしょう？　頭の中では「8」が思い浮かんでいませんか？　もしそうだとすると、あなたは面倒くさがり屋な頭脳の持ち主、もしくは自信満々な頭脳の持ち主かもしれません。

〝2ずつ増えている！〟〝偶数だ！〟といった、もっともらしいパターンを見つけた気になっていませんか？　たった三つの数字しか見ていないのに、もう「8」だと決めてしまって大丈夫でしょうか。「7」でも「10」でもいいのかもしれないのに、それらを切り捨てる根拠は十分でしょうか。ただ少しずつ数字が増えているだけかもしれないのに、〝2ずつ増えるルールがある〟なんて言ってしまっていいのでしょうか……。

実は人の頭脳には、都合のよい結論へ簡単に導き出そうとするクセがあります。だって、あれこれ考えるのは面倒くさいから。目の前に答えがあれば、考えずに済みます。だから結果として、人は自分の判断を過信したり簡単になにかを勘違い（かんちがい）したりもします。試験勉強やダイエットも〝きっと明日からでも大丈夫！〟というふうに……。目の前の楽しいことにつられて、安易に自分に都合のいいように考えてしまっていませんか？

人生には様々な選択が付きものです。進学に就職、恋愛に子育て。コンビニで何気なく飲み物を選ぶときも、ファミレスでランチセットを注文するときも。あらゆることを選ばなくてはなりません。勝手に期待したり思い込んだりして、〝こんなつもりじゃなかった〟〝あっちにしておけばよかった〟というのは避けたいものですよね。

本書で紹介する「行動経済学」は、こうした選択の場面での〝うっかりミス〟がどのように私たちの暮らしや社会に影響を与えているかを考える、経済学でいま注目の一大ジャンルです。実は人がうっかりする瞬間には共通するパターンが多く認められていて、それに基づいてあなたがいつどのようにミスをするのか予測したり、ミスをしないように対処したりすることもできるのです。


「〝数量限定〟といわれると手に入れられるか急に心配になるのはなぜ？」

「勉強や貯金を先延ばしにしてしまわないためにはどうすればいい？」

「ほとんど当たるはずのない宝くじでも当たるかもとソワソワしてしまうのはなぜ？」

「お客さんに商品を手に取ってもらうためにはどうすればいい？」

「ゴールが見えてくると急にやる気がわいてくるのはなぜ？」

「みんながうっかり選択を誤らないためにはどうしてあげればいい？」

本書では、こうした身の回りのお金や暮らしにまつわる〝なぜ？〟について学びます。ついついうっかりしてしまわないために、あなたの将来や世の中の未来を少しでも望ましい方向に進めるために、あるいはちょっぴりお金儲けをするために、ぜひ行動経済学のアイデアの数々を使ってみてください。

初めて行動経済学に触れる中学生から学び直しをしたい大人の方まで、幅広い方々に読んでいただけるよう、本書では小説形式で解説をしていきます。日々の暮らしのどんなシーンに行動経済学が活かせるのか、主人公たちの目線からながめてみてください。

行動経済学の全体像がわかりやすくなるよう、辞書や教科書のような用語解説の羅列はせず、大切なキーワードや関連するアイデアが物語の中で順を追ってくり返し出てきます。また、章末には各用語の図解等も入れています。初めて出てきたキーワードをあわてて覚えようとする必要はありませんので、ぜひ気軽に読み進めてみてください。

それでは、これから始まる、萌(もえ)とあおいの成長譚をお楽しみいただければ幸いです。

名古屋商科大学教授
太宰　北斗

13歳からの行動経済学
推し活中学生のお小遣い奮闘記

もくじ

プロローグ
マジシャン・ジョージとの出会い

1章
マジシャンのもう一つの顔

2章 お小遣いのピンチ！ 宝くじで一攫千金を狙う!?

3章 お小遣いアップ作戦開始!

4章 人気店にはどんな秘密がある？

5章 セイリアンスな〝仕掛け〟で集客アップ

6章

行動経済学ってお金の話だけじゃない？

登場人物紹介

萌

13歳、中学1年生。ちょっぴりドジだが、行動力は抜群。両親は洋菓子店を営んでいる。K-POPアイドル・T-パープルのRJにはまり、推し活に全力を注いでいる。

あおい

近所に住む萌の従姉妹(いとこ)。萌とは同い年だが、生まれ月の早いあおいは、幼いころからしっかり者で、萌のお姉さん的な存在。萌と同じ中学校に通っている。

マジシャン・ジョージ

本書のキーパーソン。本名は太宰譲二。もともとは興味本位で始めたマジックだが、趣味が高じてマジシャン・ジョージとしてイベントで披露するほどの腕前に。果たしてその正体は!?

プロローグ

マジシャン・
ジョージとの出会い

推し活とお小遣い事情

萌にとって夏休み明けの連休はとても貴重だ。

9月半ばなのにまだ厳しい残暑が続いている。この暑さは、夏休みですっかりだらけきった体にこたえる。

毎日6時限きっちりと授業が詰まっているうえ、たまにサボっているとはいえ週に3日は美術部の活動もある。週末には思いきり朝寝坊したいし、あおいと遊びにも行きたい。なによりも時間を気にせず推し活に没頭したい！

ここ数か月、萌はK-POPアイドル、T-パープルの最年少メンバーRJに夢中だ。夢中なんて言葉では足りないくらい、相当のめり込んでいる。

始まりはクラスの友だちにすすめられた動画だ。それを見てから、気づいたら沼に落ちていた。

童顔だけど整った顔立ち、細身ながらダンスのときにチラッと見える引き締まった腹筋。歌もダンスも上手なのはいうまでもなく、メンバーで最年少の愛されキャラなところも魅力的だ。

毎日、Tーパープルのソ SNSや配信動画をチェックするほど、今や推し活は萌にとって日々の原動力となっている。

ところが、困ったことに推し活に必要な資金が圧倒的に足りない。

萌のお小遣いは1か月2500円。毎月1日に母親からもらっているが、月末近くになると残額はわずか。というか100円玉が2〜3枚残っていればいいほうだ。それが、RJにハマって推し活を始めてからというもの、お小遣い不足がさらに深刻化していた。

グッズを買いたいし、なにより念願のライブに行きたいのに、どうあがいても資金が足りない。母親に預けてあるお年玉貯金を使うことも考えたが、〝推し活のため〟なんて理由を母親が許すわけがない。そうなると、グッズは自分で手づくりするしかない。

幸いなことに、萌はわりと手先が器用で絵も手芸も得意である。夏休みの間、宿題をほったらかしにしては100円ショップで買った材料で、RJのイニシャルをつけたチャームやキーホルダーを何個もつくった。なかでもキラキラのビーズやラメを詰めたハート形のチャームは、萌の自信作だ。

しかし、チャームやキーホルダーだけで満足する萌ではない。

来年こそは、絶対にTーパープルのライブに行く！　そこで思うぞんぶん、自作のうちわを振りまくってRJに愛を叫ぶのだ。そう固く心に決めたのにはわけがあった。

思い起こせば今年の夏は休みが始まる前から散々だった。といっても、その原因はだれでもない、自分にある。ＲＪにハマりすぎて勉強がおろそかになってしまったのがそもそもの始まりだ。

期末テスト前だというのに父親から借りているノートパソコンでＴ-パープルの動画をヘビロテで鑑賞しまくり、勉強が手につかなかった。おかげで1学期の期末テストはひどい出来だった。萌自身、ちょっとびっくりするほど悪かった。そして、当たり前なのだが両親にこってりとしぼられ、夏休み中には勉強と家のお手伝いをしっかりしなさいと言い渡された。

落ち込んでくさくさしているとき、夏休み中に開催されたＴ-パープルのファンミーティングに参加できた友だちがお土産にＲＪのチャームをくれたけれど、友だちが自慢げに見せてくれた限定グッズのマグカップがうらやましくてしかたなかった。

このとき、萌はいつか絶対にＴ-パープルのライブに行くと決意したのだ。

ベッドに横になりながら、Ｔ-パープルの曲を聴いていると、ノックをする音がして、すかさず母親がドアをガチャッと開けた。

「萌、今日は商店街のイベントだって言ってあったでしょ。ほら、そろそろ出かける準備しなさい」

「ええ、やだよー。今日は大事な、大事なＲＪのフォトフレームをつくるの！」

速攻で口ごたえする萌に母親は続けた。

「お父さんにも頼まれていたでしょ。イベント会場に顔を出してって。お客さんが少ないと盛り上がらないから、あおいちゃんと一緒に来て欲しいって。それに、あおいちゃんとも約束してたじゃない」

「あー、そうだったー」

萌はあおいとの約束を思い出し、ガックリと肩を落とす。

あおいは、萌の従姉妹で同じ中学に通う同級生だ。きょうだいのいない萌にとって、あおいは同い年ながら頼れるお姉さんであり、親友でもある。

夏休み中、ファンミーティングも限定グッズも諦めざるを得なかった萌を励まし、夏休みが終わる寸前に宿題を手伝ってくれたのもあおいだ。

「やっぱり忘れてる。ほら、あおいちゃんがもう来ちゃうわよ。支度して」

〃はーい〃とふてくされて返事をしながら、萌はお小遣いがないことを思い出した。

「お母さん、イベントに行くのはいいけど、ちょっとね、お小遣いが足りないの……。だから、ほら、屋台とかあるし、あおいとジュース飲んだり、お昼食べたりもするし、お小遣いちょうだい」

「今月分のお小遣いは？　もう残っていないの？」

「だ、だって、これはお小遣いとは別だよね。いわば商店街を盛り上げるイベントのお手伝いってことでしょ？　だから、別にお小遣いをちょうだい！」

萌は母親のほうに手のひらを差し出した。

〝もう、しょうがないわね、あおいちゃんの分も出してあげるのよ〟と言って、母親は1000円札を2枚ポケットから出した。

〝やった！〟と、萌は心の中でつぶやきつつ、2000円をありがたくちょうだいした。

「ありがと！　じゃあ、準備するね！」

2000円につられてご機嫌になった萌は、出かける準備を始めた。

すると、母親がドアの前で立ち止まり言い放った。

「推し活ばっかりしてないで、もう中学生なんだから少しはお金の使い方を考えなきゃダメよ。グッズを買いたいだの、お小遣いを上げて欲しいだの言ってたけど、今のままじゃとてもお小遣いアップなんて無理。1学期の期末テストはひどかったし、夏休みにお店の手伝いをする約束だって三日坊主だし。おまけに休み明けの小テストは何点だった？」

「ああ、ごめんなさい！　もう済んだことをほじくり返さないでよ〜」

萌は大きな声で母の言葉をさえぎる。

すると、母親がポツリとひと言。

「このままだとお小遣いアップどころかダウンの可能性もあるからね」

「えっ!?　お小遣い減らすって今言った？　そんなの困る。どうして？」

「自分でよ〜く考えなさい」

「えーーーっ！」と叫ぶ萌。そのとき、ピンポンと玄関のチャイムが鳴った。

「ほら、あおいちゃんが来たよ」

そう言い残して母親はスタスタと部屋を出ていってしまった。

覆面マジシャン、ジョージと出会う

萌とあおいは、商店街をぶらぶら歩きながらイベント会場に向かっていた。

商店街のイベントというのは、毎年9月の連休中に行われているものだ。

通常は商店街全体で期間中にセールをするくらいだが、集客のため3年ごとに大イベントを企画している。今年は大イベントの年で、萌の父親たち商店街の組合メンバーが中心になって屋台や路上パフォーマンスなどの催し物を行うことになっている。

「ありえない。これ以上、お小遣いを減らされたら困る。マジで困る」

萌はさっきから同じことを何度もくり返しつぶやいている。

「萌、わかったから。とりあえず落ち着こう。今夜もう1回、叔母さんに聞いてみなよ」

「そ、そうだよね。冗談だよね。帰ってからちゃんと聞いてみる」

萌はふるふると頭を振って、今、あれこれ考えてもしかたないと割り切った。

商店街中心部のアーケードまでやってくると、多くの人でにぎわっていた。ふだんの休日よりも人出が多いのがわかる。

会場にはジャグリングを披露する大道芸人風の人がいたり、風船やバルーンアートの花や小さな犬を子どもたちに配っていたりして楽しげだ。どこかでワッと歓声が上がり、拍手も聞こえてくる。

かき氷やアイスクリーム、焼きそば、たこ焼きの屋台も出ている。香ばしいソースの匂いにつられ、萌は元気が出てきた。

「おなかすいたね。あおい、なにか食べよう！」

「萌はほんとにわかりやすいよね」

「えへへ。今日のお小遣いはゲットしてきたからね。あおいの分も払いなさいって、お母さんが言ってたから遠慮しないで食べようよ」

「ふふふ、実は私もお父さんからお小遣いもらってきたの」

「やったね。じゃあ、たこ焼き食べよう！」

いそいそと行列に並んでたこ焼きとジュースを買い求めた二人は、遠目にジャグリングをながめながらおなかを満たした。

次はどこに行こうかと話していると、向こうのほうでなにやらどよめきが聞こえる。すると、人々の視線の先にタキシード姿で仮面をつけたマジシャンの姿が見えた。

「あおい、あっちでマジックやってる。行ってみよう！」

「うん！」

＊

そのマジシャンは黒のタキシードに身を包み、羽根飾りのついた仮面をつけていた。ときおり観客に話しかけながら、手のひらで鮮やかにカードをあやつる。そして、パチンと指を鳴らし、1枚のカードをスッと引き抜くと最前列の観客に差し出した。

「あ！　当たり！　スペードの5です」と小学生の男の子が答えた。おそらく彼の選んだカードを的中させたのだろう。周りの観客たちも拍手をしている。

萌とあおいは、もう少し前で見ようと観客の間をすり抜けていった。その様子に気づいた覆面マジシャンがこう言った。

「こんにちは。マジシャン・ジョージです。短い時間ですが、マジックを楽しんでいってくださいね」

急に話しかけられた萌とあおいはちょっとびっくりして、〝はい〟と照れながら返事をした。すると、マジシャン・ジョージが萌に向かってこう言った。

「ではさっそくですが、少々マジックのお手伝いをお願いします。そちらのお嬢さん、私に100円玉を1枚、貸してくれませんか？」

萌は、あわてて財布から100円玉を取り出すと、〝どうぞ〟と手渡した。ジョージはうやうやしい手つきで100円玉を受け取って一礼した。

「これから、この100円を10倍にしてさしあげましょう」

こんなに間近で見ているのに、そんなことができるのかと疑いつつ、萌とあおいはジョージの手元をくい入るように見つめる。

ジョージはなめらかな動きで100円玉を受け取り、指先でつまみ上げると、観客に向かって確かに100円玉1枚しかないことをじっくりとアピールする。そして両手をスーッと合わせた次の瞬間、100円玉がもう500円玉にすり変わっている。

「あ！」

萌が声を発すると同時に、今度は500円玉が2枚になった。宣言通りに100円が10倍の1000円になっていたのだ。

〝おおー！〟という小さなどよめきとともに観客から一斉に拍手がわきあがる。

「すごーい！　どうやったのか全然わかりませんでした！」

萌は大きな声でジョージに賛辞をおくった。

いつもクールなあおいもめずらしく〝すごいね！〟と興奮している。ジョージはていねいに一礼すると、手のひらにのせて100円玉を萌に返してくれた。

「あ、1000円くれないんですね」

「申し訳ございません。わたくし、お小遣いが少ないもので……」

ジョージの言葉に観客がドッと笑う。萌も笑いながら100円玉を受け取った。残念ながら10倍になって戻ってはこなかったが、十分に楽しめた。

マジシャン・ジョージが三つのカードマジックを披露するうちに、いつの間にかたくさんの観客が集まってきていた。

大がかりな仕掛けはないマジックショーだが、ジョージの鮮やかなテクニックとトークに観客は釘付けだった。萌も夢中になって拍手をおくっていた。

ふと、横を見るとあおいがなにか考え込んでいるような顔をしている。

「あおい、どうかした？」

「ううん、あのマジシャンにどこかで会ったような気がするの……」

「え、あの人？　だれだろう、商店街の人かな……？」

「あの仮面をクイッて押し上げる仕草、だれかがやっていたような……？」

「そうなの？　メガネをかけている人ってだいたいああいうふうにするよね」

〝そうだよね、気のせいかな〟と言いつつ、あおいは釈然としないようだ。

「わかった、わかった。私、マジックのタネあかしが聞きたいし、あとであの人に話しかけてみようよ」

萌の好奇心が刺激されたようだ。こういうときの萌は行動力抜群である。

「よし、のった！」

あおいも力強くうなずいた。

1章

マジシャンのもう一つの顔

覆面マジシャンの正体はだれ？

マジシャン・ジョージが〝ありがとうございました〟と、うやうやしくお辞儀をしてショーは終わった。

観客が拍手をおくるなか、ジョージは舞台そでの階段を下りるとそのままスーッと後方のついたての奥へと姿を消した。

萌とあおいは顔を見合わせうなずくと、ジョージのあとをつけることにした。小走りで、舞台の後ろ側に移動する。

舞台を降りたジョージは羽根飾りのついた仮面をつけているが、さすがにタキシードは暑かったらしく、すでにジャケットを脱いでいた。そして、右手にはマジックの道具が入っているとおぼしき黒いアタッシェケースを持っている。

イベントのためにしつらえた小さな舞台の後方にはちょうど商店街の事務所がある。萌とあおいは、そこが控え室になっているとにらんだ。

「あおい、事務所の前で待ち伏せすれば、きっと衣装を着替えた素顔のジョージさんが出てくるはずだよね？」

「うん、だってあの衣装のまま家に帰るとは思えないもの。仮面だって絶対はずして帰るだろうし」

すっかり探偵気分になった二人は、事務所の出入り口を少し離れた物陰から見張っている。やがて事務所から男性が一人出てきた。ところが、ジョージではなかった。萌もよく知っている商店街の会長さんである。ジョージよりもだいぶ年上だし、白髪頭で小太りだ。背格好がまるで違う。

萌とあおいがペットボトルのジュースを飲みながらさらに待つこと10分、また男性が出てきた。白いシャツの袖をまくり上げ、グレーのズボンに着替えているが、体型がジョージとよく似ている。

するとあおいが声をひそめて言った。

「萌、ほら、さっきの黒いアタッシェケースを持ってる！　きっとあの人だ」

「うん、ちょっと乱れてるけど髪型も似ているし、背格好も同じくらいだよね」

その素顔を見たあおいが気づいた。

「あの人、古本屋の太宰堂(だざいどう)の人だ！　仮面をクイッてする仕草、どこかで見たことがあると思ったら、やっぱりそうだった。太宰堂の店主のおじさんだよ」

読書好きのあおいは、商店街にある古本屋の太宰堂をよく利用していた。欲しい本が棚に見当たらず、店主に何度か声をかけたことがあった。そのとき、例のメガネをクイッと押し上げるクセをよく目にしていたのである。

「うん。あの人、太宰堂の人だ」

「あー、すっきりしたね、正体がわかって！」

萌とあおいはまるでひと仕事終えたかのように満足げだ。

「ねえ、あおい。今度、学校の帰りに太宰堂に行ってみようよ。マジックを教えて欲しいし、マジシャン・ジョージの正体を見破ったって言ったら、きっとびっくりするよ」

「うん、おもしろそうだね。まさかあの店主のおじさんがマジックをやっているなんて思いもしなかった。興味あるなぁ。それに欲しい本もあるし」

「じゃあ、マジシャン・ジョージの正体も突き止めたことだし、お小遣いもまだ残ってるから、おいしいもの探しに行こう」

そう言うと、萌は屋台の並ぶほうへ先に歩き出す。〝まだ食べる気？〟と言いながら、あおいは萌を追いかけた。

*

萌とあおいは部活動のない放課後に太宰堂を訪ねた。萌もこの古本屋には何度か来たことがあるが、あおいは月に数回は足を運んでいる。ほぼ常連である。読書好きのあおいは学校の図書館でも本をよく借りているが、気に入った小説などは手元に置きたいため買うことにしている。とはいえお小遣いは限られているので、太宰堂で古本を見つけて手に入れることにしているのだ。

太宰堂は古い2階建てのビルで、1階部分が店舗になっている。年季の入ったドアを押すと少しきしみながらゆっくりとドアが開き、来店を知らせるチャイムが店の奥のほうで小さく鳴った。

〝こんにちは〟と二人は小声で挨拶しながら店内に入った。

ショッピングセンターにある大型の本屋さんと違ってBGMもかかっておらずとても静かだ。聞こえるのは、レジカウンターの後ろの壁に掛けられた、これまた古い壁掛け時計のカチカチという針の音だけだ。店内は冷房が効いてひんやりと涼しい。二人以外にお客さんの姿はないようだ。

あおいがお目当ての本を探す間、萌はどこかにアイドル雑誌が置いていないかと店内を歩き回ってみたが、案の定、見当たらない。

「そりゃそうだよね。こういう古本屋さんにはRJがのってる雑誌はないよね……」

するとあおいが欲しい本が見つかったらしく、戻ってきた。

会計をするため、奥のレジカウンターに向かうと、椅子に座って本を読んでいた太宰堂の主人が立ち上がった。今日は青い半袖シャツで、細い黒縁のメガネをかけている。

そして、例のメガネをクイッと上げる仕草をした。

「いらっしゃい。いつもありがとう」

太宰堂の主人はあおいのことを覚えているようで、そう挨拶した。

「欲しい本があったかな？」

「はい、これ、お願いします」

あおいは、わりときれいな状態の文庫本を2冊、カウンターに置いた。

あおいが会計をしている間、早く声をかけたくてうずうずしていた萌は、「あの！」と、いきなり主人に声をかけた。

ちょっとびっくりした様子の主人は、萌の顔を見る。

「なにか、お探しですか？」

「いいえ、そうじゃなくて、えーっと、あの、マジシャンのジョージさんですよね？」

萌がズバッと切り出した。一瞬面食らった様子だったが、主人はニコッと微笑(ほほえ)んだ。

「いや、ははは、まいったな。バレちゃったかー。君たち、この前マジックショーに来てくれてたよね」

主人は困ったなーと頭をかきつつ、少し照れた様子だ。

その言葉を聞いて、萌とあおいは顔を見合わせた。

「やっぱりそうだったんですね！」と二人が声をそろえる。

「見破られちゃったか。仮面をつけただけじゃ、ごまかせないよねー」

萌とあおいはマジックショーが終わってからジョージのあとをつけて、待ち伏せした顛末を話した。

「なるほどね。メガネを上げるクセで見破られるとは思わなかったよ。それで、わざわざお店まで来てくれたんだ」

「というか、実はあのときのマジックがすごくおもしろくて、それでタネあかしが聞きたくて来たんです。だってあんなふうに鮮やかにマジックができたらかっこいいなあって思って。簡単なのでいいので教えて欲しいんです！　ダメでしょうか……」

萌は少し遠慮がちに申し出た。

その言葉を聞いたジョージは、ふと〝渡りに船かもしれない〟と思った。

実は、ジョージの本業は行動経済学者である。

太宰堂の店主をしているのは実家の家業を継いだためだ。古本屋の経営に興味がないわけではないが、収入面では大いに儲かっているとは言いがたい。なにより行動経済学者としてもっと活動の幅を広げたいと考えている。そこへ先月、ある出版社から中高生向けの行動経済学の本の執筆を依頼された。おもしろそうだと思い、引き受けると返事をしたばかりだった。

ところが、中学生や高校生くらいの子どもたちがなにを考え、どんなことに興味、関心を抱いているのか今ひとつわからず困っていた。

執筆がなかなか進まず、少しあせり始めていたところへ、この二人の登場である。

協力してもらえば、なにかアイデアが浮かぶかもしれない。

ジョージが少しむずかしい顔をして黙り込んでいたため、萌とあおいは怒らせてしまったのかと、ちょっと身構えていた。

すると、ジョージが思いがけない提案をしてきた。

「いいだろう。それじゃあ、僕がマジックを教えてあげるから、その代わりと言ってはなんだけど君たちにも少し協力して欲しいことがあるんだ」

「え？」

意外な返事に萌とあおいはびっくりした。

「いやいや、別に変な頼みごとじゃないよ。実はね、僕は古本屋の店主をやっているけれど、本業は学者なんだよ。ほら、こういう本を書いているんだ」

そう言ってレジの後ろにある戸棚から、やたら分厚くてむずかしそうな本を4、5冊取り出して見せてくれた。作者名を見ると〝太宰譲二〟とある。

「これってジョージさんの名前ですか？」とあおいが問う。

「そうだよ。怪しい者じゃないってわかってくれたかな」

萌とあおいはコクリとうなずく。

「で、私たちはなにをすればいいんですか？」

「実は今、君たちくらいの年齢の人を対象にした行動経済学の本の執筆を頼まれているんだ」

「行動……経済学、ですか？」

萌は内心、うわー、むずかしい話はごめんだなと思った。すると、すかさずあおいが警戒して問い返す。

「私たち中学1年ですけど、役に立てるんでしょうか？　そういうむずかしいテーマだと、きっとちんぷんかんぷんだと思うんです」

あおいがちんぷんかんぷんなら、私なんて一瞬で居眠りしちゃうわと、萌は心の中でつぶやく。

「いや、むしろそこがポイントなんだよ。中高生くらいの人たちに読んでもらう本だからね。君たちがなにか勉強しなくちゃいけないわけじゃないんだ。そうだな……、例えば、僕が君たちに行動経済学の用語とかアイデアとかについて簡単に解説するから、ときどきそれを聞いて欲しいんだ。その内容に興味がもてそうかとか、それともつまらないとか、意味がわからないということがあれば正直に教えて欲しいんだよ」

「その、行動経済学ってどういうことを学ぶものなんですか？　私、聞いたことがないのでよくわからないんですけど……？」

あおいはジョージに質問をぶつけてみた。

「そうか……。まずは行動経済学のことを簡単に説明したほうがよかったね」

ジョージは二人に語り始めた。

「簡単に言うと、行動経済学っていうのは人の〝うっかりミス〟の傾向を学ぶことで、自分にとってよりよい選択ができるようにする学問だよ。お金に関することもあるけど、例えば、どうしてダイエットを失敗してしまうのかとか、英会話の勉強をなぜ挫折してしまうのかとか、その理由を知ることでうまく対処できるようにする。こんなふうに身近な悩みを解決する手助けにもなるんだよ」

「ふーん、ちょっとおもしろそうだね」

萌が少しだけ興味を示した。

「学校の勉強とはだいぶ違うけど、君たちにもきっと役に立つことがあると思うよ。だから、協力をお願いできないかな？」

「どうする？　私は萌が一緒ならいいけど……」

あおいが萌にコソッと伝える。

「私もいいよ。あおいが一緒なら。それにマジックを教えて欲しいって言い出したのは私だし」

二人は顔を見合わせるとうなずいた。

「わかりました。それでOKです」と萌が答える。

「ああ、よかった！　ありがとう。助かるよ」

ホッとしたのかジョージのほうがうれしそうだ。

「そうだ。改めて自己紹介をしておくよ。太宰譲二です。よろしく頼むよ」

「よろしくお願いします。鈴森萌です」

「鈴森さん……、もしかして3丁目のベル洋菓子店さんかな？」

「はい、そうです！」

「なら、お父さんのことは知っているよ」

「そうなんですか。あ、同じ商店街だもんね」

「そして、君は……？」

「斎藤あおいです。萌と同級生で、従姉妹なんです」

「へえ、従姉妹か。いつも本を買いに来てくれてありがとう。よろしく」

＊

太宰堂をあとにした萌とあおいは、商店街を抜けて帰宅の途についた。

「なんだか思いがけないことになったね〜」

そう言いつつも、萌は少し楽しそうだ。

「ほんとに。まさか太宰堂のおじさんが学者だったとは、びっくりだよね」

「だよねー。でも、マジックも教えてもらえそうだしよかったー」

「私は行動経済学の話、ちょっと興味があるなあ」

「あおいらしいなぁ。よし、そっちのむずかしい話は任せるよ！」

萌は調子よく、あおいに頼ることにした。

＊

家に帰り、階段を上がると母親はまだ店番を手伝っている時間で留守だった。萌の父親は洋菓子店を営んでいる。1階が店舗で、2階が居住スペースになっている。

店で売るケーキや焼き菓子、クッキーはすべて父親が朝からせっせと仕込み、焼いている。母親も昼間は販売の仕事をしたり、ケーキの仕上げを手伝ったりしている。いわゆる商店街のケーキ屋さんだが、娘の贔屓目（ひいきめ）ではあるが父親のつくるケーキは人気がある。

母親が帰ってくるまでの間、萌は宿題をやることにした。これはスマホを買ってもらったときの約束だ。

小一時間ほどすると、キッチンで母親の声がした。

「萌ー、帰ってるんでしょ。ごはんの支度、手伝ってー」

夕食後、萌は自室で日課になったRJのSNSチェックをしていた。

しばらくしてリビングの充電器にスマホを戻しに行くと、両親の会話が途切れ途切れに聞こえてきた。萌が半開きのドアからのぞくと、ダイニングテーブルでなにやらノートを見ながら父親が考え込んでいる。

「うーん、どうしたものかな……」

「あんまり根を詰めないようにしてね。時間はあるんだし」

お店でなにかあったのだろうかと思いながら、萌は大きな声で〝スマホ持って来たよー〟と言いながらスマホを充電器に戻した。

「あら、今日は叱られる前にちゃんと持ってきたのね」と母親が茶化す。

「だってスマホ取り上げられたら困るもん！　ところで、お父さんなにか心配ごと？」

「いや、なんでもないよ」

父親は手元のノートをパタンと閉じると、冷蔵庫から発泡酒を取り出してプシュッと開けた。

「ふーん……、そう。ま、いいけど。じゃあ、おやすみなさーい」

父親の様子が少し気になるものの、店の売り上げで頭を悩ませているのはいつものことだ。萌は足早に自室に戻った。

マジックっておもしろい！ 認知を揺さぶる錯覚

Keyword 〝見たものがすべて〟

後日、萌とあおいは再び太宰堂を訪ねた。萌はマジックを教えてもらう気満々で、少し浮かれぎみだ。

〝こんにちは〟と元気よく声をかけ、店内に入るとジョージは山積みになった本の整理をしていた。

「やあ、いらっしゃい」

「ジョージさん、今日はマジックを教えてもらいに来ました。いいですか？」

「もちろん。お客さんもいないし、大丈夫だよ」

そう言って、ジョージは店の奥に二人を案内した。

萌とあおいは少し緊張しながらジョージのあとに続いた。そこにはちょっとしたスペースがあり、小さなテーブルと丸椅子3脚が置いてあった。

〝それじゃあ早速始めようか〟、とジョージが500円玉をポケットから取り出した。

「この前、マジックショーでやったコインマジックのタネあかしをしようか」

「それ！　知りたかったんです」

萌が前のめりになってテーブルに身を乗り出す。

「あのとき、萌さんから100円玉を1枚借りただろう。実は、そのときからすでに500円玉を2枚、左手に持っていたんだよ」

「でも、左手にコインを持っているようには見えなかったけど……」

「それがポイントだよ」とジョージがニッコリ笑う。

「左手のひとさし指と親指の間に500円玉2枚を横にしてはさんだ状態で保持するんだけど、角度が重要なんだ」

ジョージが二人の目の前で実演して見せる。

「そして、君から借りた100円玉を立てて正面を見せるようにして手前で持つ。今、君たちには後ろに持っている500円玉も100円玉も両方見えているけど、正面から見るとどうだい？ほら」

ジョージは手元が二人の正面になるように向けた。

「あ、前から見ると100円玉しか見えない！」

「そう。こうやって正面から見たとき、後ろに隠し持った500円玉が見えないようにする。これがタネあかしだよ」

ジョージはメガネをクイッと上げて、手元を披露した。

「すごい！　左手の指の形がすごく自然で、500円玉を隠し持っているようには全然見えないです」

「それは練習あるのみ、だね。やってごらん」

萌はジョージに手渡された500円玉2枚を重ね、ひとさし指と親指ではさんでみた。ところが、少しでも左手を動かすと500円玉がずれて落ちそうになる。萌があたふたしているのを見て、あおいがクスクス笑う。

「まずは、500円玉2枚を上手に隠し持って、さらに100円玉を使って500円玉が見えないようにする。この一連の動作がスムーズにできるように練習を積んでごらん」

「うう、できる気がしない……」

萌は想像以上に苦戦してうなだれていた。うまく指にはさめたつもりでも、油断すると500円玉がずり落ちてしまうのだ。

「ところで、この前、僕が行動経済学の本を書く話はしたよね。実は、マジックと行動経済学には共通点があるんだよ」

「その話、聞きたいです！」

今度はあおいが飛びついた。

一方で萌のほうは、〝むずかしいのはマジックだけでたくさんだよ〟とブツブツぼやいている。

「さっき君たちは、マジックショーのときに僕が左手に500円玉2枚を仕込んでいるなんて、全然わからなかったと言っていたよね。それは僕が君たち観客の目が左手に向かないように仕向けていたからだよ」

「うーん？　でも、怪しい動きはなかったような……」

萌が首を傾(かし)げる。

「あのときトークをしながら、君に100円玉を貸してくださいと声をかけたよね」

萌とあおいがうなずく。

「これをミスディレクションっていうんだけど、マジックではミスディレクションは常套(じょうとう)手段、つまりよく使う手なんだ。簡単に言えば、観客の注意を引きつけて誘導して、その間にタネやトリックを仕掛ける。今回は観客の視線を僕の左手からそらすために、君に100円玉を貸して欲しいと声をかけたのさ」

「じゃあ、マジックと行動経済学の共通点ってなんですか？」

あおいは興味津々(きょうみしんしん)だ。すると、ジョージがいきなりこう言った。

「What you see is all there is（**WYSIATI**）」

いきなりの英語に萌はきょとんとしている。

あおいはかろうじて単語を聞き取れたようで、ぶつぶつ単語の意味を口にしているが首を傾げている。

「**〝見たものがすべて〟**という意味で、行動経済学の基本となる考え方だよ」

ジョージはさらに続ける。

「これはね、人がものごとを認知したり判断したりするときの特徴を示しているんだ」

「うーん、なんかむずかしいなー」

「ごめん、ごめん。もう少し簡単に説明するよ」

「人は、見えたものだけですぐにパッと結論に飛びつくところがあるだろ？　さっきのマジックだって、実は左手にこっそりタネを仕込んでいたのに、君たちは声をかけられたことに気を取られてしまっていたよね」

「確かに。私、萌がジョージさんに声をかけられて、100円玉を取り出すのをずっと見ていたから、それ以外のことは目に入ってなかったな」

あおいは自分の行動を思い出し、納得した。

「私なんて自分の財布から100円玉を探すのに必死だったよ」

「こうした行動はマジック以外のときでもよく起こっているんだ」

「それってどういうことですか？」

あおいの表情は真剣だ。

「人はね、自分が注意を向けたことにしか気をつけることができない。日常生活でも〝見たものだけ・見たいものだけ〟を見てなにかを選択したり、判断したりする。それによって起きるミスや勘違いが日々の生活や経済にどう影響しているのか、どんな行動をすればいいのかということを考えるのが行動経済学なんだよ」

目を輝やかせて耳を傾けるあおいとは対象的だが、萌も〝マジック〟に惹(ひ)かれて関心を持ったようだ。

「ふーん、よくわからないけど、私たちの生活にも関係していることなの？」

「もちろんそうだよ。だから、興味をもって欲しいと思っているんだ」

脳のシステムは直感に頼りがち!?

Keyword ヒューリスティクス

「二人とも時間はまだあるかな？」

萌とあおいは顔を見合わせると、〝大丈夫です〟と答えた。

すると、ジョージは〝ちょっと待ってて〟と言いながら、レジの後ろの戸棚からA４サイズの分厚いファイルを手にして戻ってきた。

「これから二人にいくつかクイズを出すから、答えてくれるかな？」

「おもしろそう！」

クイズと聞いて、今度は萌が少し乗り気になった。

「まずは、この写真を見て」

ジョージが分厚いファイルをめくって、1枚の写真がプリントされたページを示した。そこには、中央に3〜4歳の女の子が座っている。そして女の子の後ろ側と手前に同じおすわりの形をしているクマのぬいぐるみが一つずつ置いてある。

「ここに二つ、クマのぬいぐるみがあるよね。頭のてっぺんからかかとまで、定規を使って測ったつもりでそれぞれ何センチあるか答えてみて」

「定規は使わないんですよね？」

ちょっと不思議そうにあおいが問う。

「そう。でも定規を使って測ったとしたら、何センチあると考えたのかを答えてみて。テストじゃないから、気楽にやってみよう。じゃあ、あおいさんどうぞ」

「うーん、後ろのクマが3.5センチ。それで手前のクマはちょっと小さめで、2センチくらいだと思います」

「うん、ありがとう。じゃあ、萌さんにはこっちのクイズを出そう」

「この文字は、なんて書いてあるでしょうか？」

そう言いながら、ジョージはまた分厚いファイルをめくって萌に見せた。

「え、なにこの下手くそな字！　う〜ん、数字かな？　違う……アルファベットのRにも見えるなぁ……」

微妙にゆがんだ線で文字が書かれているせいか、萌は答えに自信がない。

ジョージはフムフムとうなずきながら、なにやら楽しそうだ。

「それじゃあ、答え合わせをしながら少し解説しようか」

「はーい！」

「まず、クマのぬいぐるみの大きさについて。あおいさんは女の子の後ろのクマのほうが大きいと答えたね。ちなみに、萌さんはどう思う？」 

「私、美術部なので絵を描くときの遠近法で考えると、後ろにあるクマのほうが絶対大きいと思うんです。だから、あおいが後ろのクマが大きいっていう答えと同じです」

「なるほど。じゃあ、実際に定規で測ってみようか」

ジョージはポケットからサッと定規を取り出すとクマのぬいぐ

るみの頭のてっぺんからかかとまでの距離を測ると、二人に目盛を見せてくれた。

「後ろ側のクマが2.2センチ。そして、前のクマは……ほら、同じく2.2センチだよ」

「えー！　うそー！」

「あ、ホントだー」

萌とあおいは最初信じられない様子だったが、定規をくい入るように見て目盛を確認すると納得した。

「これがさっき話した〝What you see is all there is〟、つまり見たものがすべてという理論だよ。じゃあ、なぜクマの大きさが違うと思ったのか知りたいよね？」

「知りたーい！」

「人が見たものだけで判断しようとするのは、人間の脳の情報処理能力に限界があるからなんだよ」

「もう、いつも限界を感じてるよ」と、萌がこぼす。

「ははは、そうか。でもね、それはみんな同じだよ。人間の脳にはものごとを判断するときに使う2種類の情報処理システムがある。システム1とシステム2と呼ばれているものだよ」

「なんだかむずかしそう」

「むずかしくないよ。人はね、この二つのシステムを使い分けてものごとを判断しているんだ」

「私もそうなの？」

萌は自分がそんな複雑なことをしているとはとても思えず疑問を感じた。

「そうだよ。じゃあ、システム1とシステム2について説明しよう」

「はい、お願いします！」

あおいが速攻で返事した。

「まず、システム1は意識しなくても自動的に働く直感的なシステム。あれこれ深く考えないから瞬時にパパッと判断できるという特徴があって、〝ファスト・システム〟ともいうんだ。このシステムの処理が素早いのは、直感や経験といった勘に頼って判断するからなんだ。行動経済学ではこれを**〝ヒューリスティクス〟**という。いわば思考のクセだね。ヒューリスティクスはパパッと瞬時に判断できるからとても便利だし、深く考えるのが面倒なこと、例えば寝坊して学校に遅刻しそうなとき、朝食を食べる時間があるかどうかなんてじっくり考えないよね？」

「確かに、そういうときって一瞬で判断して動いている気がする。それってシステム1が働いているってこと？」

「うん、そうだよ。直感とか、これまで経験したことをもとにして判断したり推測したりする特徴がある」

「でも、勘に頼るっていうことは、間違いも起こりやすいんじゃないですか？」

　あおいが質問した。

「そうだね。もちろん思考のクセだから人によって程度の差があるけど、冷静に判断しなくちゃいけないときにもヒューリスティクスでうっかり誤った判断をしてしまうことがあるんだよ。さっきのクマのぬいぐるみもそうだね。萌さんは遠近法で考えたと言っていたけど、それはふだん自分が絵を描くときに使う思考のクセが出たせいだね。おそらく、あおいさんも同じく遠近法の見方を取り入れていたから、後ろのクマのほうが大きく見えてしまったんだね」

「確かに、そういうふうに考えながら大きさを推測した気がします」

「うん、私なんてそれ以外は考えつきもしなかったよ」

「それじゃあ、システム2はどういう働きなんですか？」

「システム2はシステム1と違って、意識しないと機能しない分析的な性質があるシステムだよ。じっくり考えるときに適していて、〝スロー・システム〟とも呼ばれている。システム1では対処できないような、むずかしい問題や判断をするときに機能するのが特徴だよ」

「へえー。私の場合、早とちりだしシステム2はあんまり働いてない気がするなぁ。すぐにシステム1で片付けちゃってるかも」

萌が自虐的につぶやく。

「確かに、システム1は便利だし情報処理に問題がないときは、ふだんの生活でスムーズにものごとを判断し、処理できる。ただし、注意が必要でもあるんだ。というのもシステム1は意識しなくても機能してしまうから、勝手に働く。すると、冷静に考えて判断しなくてはいけないような場合にそれを邪魔することがある。それによって判断を誤りやすくなるんだよ」

「ああ、それって身に覚えがありすぎる〜」

萌が頭を抱える姿を見て、ジョージが苦笑しながら説明を続ける。

「それじゃあ次に、さっき萌さんに文字を読んでもらったよね。ちょっと下手くそな文字を」

そう言いながらジョージがファイルをめくる。

「アルファベットのRに見えたやつですよね」

「そう。じゃあ、今度はこれを読んでみてくれるかい？」

ジョージが差し出したのは、さっきと同じちょっと下手くそな文字で〝P・Q・R〟と書かれた紙と〝10・11・12〟と書かれた紙だ。それを見た萌の表情が変わる。

「あれ！　私、どうしてRだと思ったんだろう⁉」

「うん、そうだね。実は、さっき萌さんはじっくり考えて判断するシステム2で注意深くしっかり考えて、〝R〟だと答えたんだよ」

萌は、ジョージの説明にポカンとしている。

「文字がこうして並んでいると、簡単にP・Q・RのRだとわかるよね。こっちも10・11・12という並びから12だとすぐにわかる。でも、さっきのように文字を一つだけ取り出すと、連続性や関係性がわからないから悩む。そうなると勘頼みじゃなく、考えて答えを出すことになる。一方、連続性がわかるようにP・Qや10・11と書いてあるとヒントになる。これを〝コンテクスト（前後関係・文脈）〟というんだ。つまり、人はコンテクストを与えられると、今度はヒューリスティクスを使って瞬時に判断できるようになるんだ」

P Q R

10 11 R

「ということは、私、さっきはちゃんと脳みそを使ってたんだー」

「おもしろい！　私、もっと行動経済学のこと知りたいし、勉強したくなりました！」

あおいはジョージが教えてくれる行動経済学の話にすっかり魅了されたようだ。

「あおいは勉強好きだよねー」

「萌にもきっと役に立つよ。だって、いつもお小遣いのことで困っているじゃない。解決できるかもしれないよ？」

「僕でよければ、いつでも相談してくれていいよ」

「うーん、わかった。あおいがそう言うなら、またお話を聞かせてください。あ、でもマジックも教えてくださいね！」

「了解。約束は守るよ」

*

太宰堂を後にした二人はぶらぶら歩きながら家路につく。

「思っていたよりずっと楽しかったねー。マジックも行動経済学のクイズも。家に帰ったら500円玉を隠して持つ練習しなくちゃ」

「ところで、萌、もしかするとお小遣いを減らされちゃうかもって話はどうなったの？叔母さんにきちんと聞いてみた？」

「ううん。なんか聞きにくいというか、聞いちゃったらホントになりそうで」

「そうかぁ。それじゃあ聞きにくいよね」

「うん。ところでさ、あおいは古本とはいえよく本を買ってるよね。お小遣い、たくさんもらってるの？」

「そんなワケないよ〜。萌と同じで毎月のお小遣いは2500円だよ」

「でも、私みたいに毎月お小遣いが足りなくて困ったって聞いたことがない」

「私はおうちの手伝いとかして、100円くらいずつお駄賃というかお小遣い稼ぎしてるから。お母さんが仕事で遅くなるとき、ごはんを炊いておいたり、洗濯物をたたんだり、お風呂掃除とかはお母さん絶対によろこぶから、お小遣いをくれる確率が高いんだ」

「え！　あおい、そんなことしてるんだ！　知らなかったー」

「みんな似たようなことをやってると思うよ。そうでもしないと足りないよ。100円ずつでもコツコツ貯めておけば、古本を買えるくらいにはなるし」

「えらい……。というか、私が甘いのね」

萌は、あおいに大きく差をつけられてしまったような気分になった。萌とあおいは同級生ではあるものの、早生まれの萌は小さいころからあおいとはなにかと差を感じていた。勉強ができてしっかり者のあおいは、萌にとっては今でもお姉さんのような存在だ。そして、その差が縮まる気配はない。

「萌もお手伝いとかしてみたら？」

「うーん、でも夏休み前にお店の手伝いとか家の手伝いをするって約束したのに三日坊主だったから信用ないよ、きっと」

「なにもしないよりマシだよ。がんばってお小遣い稼ぎしてみたら？　きっと叔母さんも考え直してくれるよ！」

あおいに励まされ、萌は〝そうかな〜〟と力なく返事した。

家に帰った萌は、あおいのアドバイスを思い出していた。

「今のままじゃいけないんだよね、きっと」

よし、と気合を入れると、萌は母親が帰ってくる前に洗濯物を取り込んでたたんでおくことにした。なにかを始めてみないとダメな気がしたのだ。

古書店に宝石箱!?
行動経済学の楽しい仕掛け

Keyword
セイリアンス

ある日の放課後、学校帰りの萌とあおいが二人で歩いていると、自転車に乗ったジョージにばったり会った。

「あれ？　ジョージさん、こんにちは！」

萌が挨拶した。

「やあ、こんにちは」

キュッとブレーキをかけると、ジョージが自転車を止めた。

「今、学校の帰りかい？　まだまだ暑いね〜」と言いながら額の汗をハンカチでぬぐう。

「暑さでぐったりしていたところでーす。ジョージさん、お店は？」

「午後から臨時休業にしたんだ。出版社の人との打ち合わせがあってね」

「そうなんですね。例の原稿、進んでいるんですか？」

「いや、別の仕事だよ。そうだ、時間があるなら店に寄っていかないかい？　冷たいジュースくらいは出すよ」

「あおい、どうする？」

「うん！　私、この前の続きが聞きたいし」

「ちょっと涼ませてもらってもいいですか？」

萌がちゃっかりお願いすると、ジョージは〝もちろん、どうぞ〟と笑顔だ。

太宰堂に着くとジョージがドアの鍵を開け、「本日閉店」の札はそのままにして店に通してくれた。店内はいつもと違って少し薄暗い。

「奥の椅子に座って待っていて」

そう言うとジョージはレジカウンターの後ろのドアを開けて中に入っていった。

しばらくするとジョージは紙コップを二つ持って戻ってきた。〝はい、どうぞ〟と二人の前にオレンジジュースが入った紙コップを置く。

「ありがとうございます」。萌は遠慮なく、いただくことにした。

「あー、冷たくておいしー！」

あおいも小声で〝いただきます〟と言うとひと口飲んで、フーッと息をついた。

「ところで、ジョージさん。一つ聞いてもいいですか？」と萌が切り出した。

「いいよ。なにかな？」

「ジョージさんは行動経済学を研究して、太宰堂でどんなふうに活かせているんですか？」

「萌、唐突に失礼だよ！」

あおいがあわてていさめる。

ストレートな質問に、ジョージは苦笑しつつも、ちょっと売り場のほうで見せたいものがあると言う。萌とあおいはジョージについていった。

「あおいさんは店によく来てくれるから気づいているかもしれないけど、おすすめの本を目立たせるようにディスプレイしているコーナーを設けているんだ。ほら、ここ」

そしてジョージは書棚の一角を指さした。

その一角には冒険ものの本を集めたコーナーがあった。ちょっと古めかしい地球儀やおもちゃの宝石箱が飾ってあり、そこに冒険小説のシリーズ本が並んでいて、ディスプレイのおかげでほかの書棚よりひときわ目立っている。

「ほんとだー。ここだけすごく推してる感じがするー！」

「もうすぐ大人気の海賊冒険映画の新作が封切りになるからね。そうすると、こういう本に興味をもつ人がちょっと増えることがあるんだよ。さて、ここから本題だよ」

ジョージが二人のほうを向き、メガネをクイッと押し上げて話し始めた。

「こんなふうに目立たせるテクニックを〝**セイリアンス**〟とか〝**セイリアント**〟というんだ。ちょっとむずかしいけど〝顕著性（けんちょせい）〟という意味がある言葉で、行動経済学では人の注意や関心を強く引きつける要素のことをいうんだよ。人はね、こうやって目についたもの、自分が注意を向けたことを大事だと思って判断するところがある。前回、〝見たものがすべて〟について話したよね。人は、自分が〝見たものがすべて〟ゆえに、セイリアンスの仕掛けで〝見たもの〟や〝自分が注意を向けたもの〟をより大事なこと、重要なことだと思ってしまうんだ」

「つまり、目立つディスプレイをしたコーナーにある本は売れるってこと？」

萌が質問する。

「そうだね。なにも仕掛けがないよりは売れやすいんだ。逆に言うと、人は自分の目に入らないものや注意を引かれないものは軽視しがちなんだよ」

「ふーん、こうやって私たちの知らないところに仕掛けがしてあるんですね」

あおいがディスプレイを見ながらうなずいている。

「セイリアンスはよく使われるテクニックだから、君たちも影響を受けているはずだよ」

「私、絶対受けてる！　自信がある」

　萌が笑いながら答えた。

「いくつか例を教えてあげようか。1万5000円の本があるとしよう。この本を隣町では500円引きの1万4500円で売っているけれど、わざわざ買いに行く人は少ない。でも、1500円の本が500円引きで1000円になっていた場合は、遠くてもその店に買いに行く人が多くなるんだ。同じ500円の値引きだけど、1万5000円が1万4500円になるより、1500円から1000円になるほうが値引き後の金額が大きく変化したと感じる。ディスプレイのように実際に目に見えて目立つ場合だけじゃなくて、こういう値引きされた金額が頭の中でドンと目立ってしまうこともある。これもセイリアンスの一つなんだよ」

　萌とあおいは二人そろって、ウンウンと大きくうなずく。

「ジョージさん、こうやって行動経済学のテクニックでちゃんと売りたい本をアピールしていたんですね。そういえば、さっきの海賊冒険シリーズってあおいも読んでいたよね？」

「うん、でも新刊本は高いから。少し待ってから太宰堂さんで買うつもりなんだ」

「それはぜひとも仕入れておかないといけないな、大切な常連さんのために」

「よろしくお願いします」

　あおいがペコリとお辞儀する。

　そのとき店内の壁掛け時計が鳴り、5時を知らせた。

心の動きとお金の動きはつながっている

Keyword
選択のパラドックス、ナッジ

あおいが欲しがっていた海賊冒険シリーズの本が入荷したと聞き、萌とあおいは放課後に太宰堂を訪ねた。

「こんにちは、また来ちゃいました」

萌とあおいが声をかける。

「いらっしゃい」とジョージが笑顔で迎えてくれた。

「あおいさん、お待ちかねの本はそこに置いてあるよ」

「わあーありがとうございます！」

待ち望んでいた本が手に入り、あおいは満足げだ。

「よかったね、あおい」

「うん、ずっと続きが読みたかったんだ。あー早く読みたい」

大事そうに本を抱えながらレジに向かっていたあおいが、書棚に置かれた手描きのポップに目を留めた。

「ジョージさん、こういうポップも行動経済学で説明できるんですか？」

あおいが見つけたのは、〃この作家ならこの3冊〃とか〃経済学の基礎を学ぶ5冊〃というポップだ。

「そうだよ。これにもちゃんと理由があるんだよ」

「やっぱりそうなんですね」

あおいは興味津々だ。

「あおいさんは本を選ぶとき、同じようなテーマの本がたくさんあると、どれを選んでいいのかわからないことがあるんじゃない？」

「はい、たくさん本があってよかったって思う反面、どれを読めばいいのか迷います」

「うん、その状態を**〃選択のパラドックス〃**というんだ。たくさんの選択肢の中からパッと素早く一つを選ぶのはむずかしい。脳の情報処理には限界があるからね。優劣のつけにくい選択肢が多いほど、あれもこれも検討しなくちゃいけないから、脳が疲れてスムーズに判断できなくなるんだ。そこで、脳が簡単に認知したり判断したりできるようにしてあると人は安心するし、そのほうが好まれやすいんだ」

「確かにそうです。おすすめの中から選ぶほうが簡単だし、失敗が少ないって思えます」

「わかる！　洋服を買うときもあんまり種類が多いと迷っちゃって、結局買わなかったたってことがあるよね」

「そうそう。だから、こうやってこちらからおすすめを提案するんだ。そうすると、手に取りやすくなる、というか手に取ってもらえるし、売れる確率が高くなる」

「私たちの気持ちとか心の動きが、お金の動きにもつながっているんですね」

「もう少し説明を付け加えてもいいかい？」

「もちろんです！」

「こんなふうに人の情報処理能力を助ける仕組みや仕掛けのことを〝**ナッジ**〟というんだ。ナッジは、〝ひじで軽くつつく〟という意味だよ。ひじで隣の人をちょっとつついて注意を促したり、なにかを知らせてあげたりしたことがあるよね？」

あおいがうんうんとうなずいていると、萌がふざけて、あおいをひじでつついた。

「そう、それ。ナッジは、人の〝うっかりミス〟による問題に対して、罰則（ばっそく）で強制したり、報酬（ほうしゅう）やお金でつったりしないでスムーズに解決するように促すんだ。みんながうっかりしないようにすることで社会全体が望ましい、良好な形になるように、そっとひじでつつくように注意してあげる仕組みや仕掛けのことだよ」

「ということは……、私たちが気づいていないだけで、そういう仕組みや仕掛けにのっているることがあるんでしょうか？」

あおいは考えながらジョージに質問した。

「そうだよ。例えば、ガスコンロのつまみの並び一つとっても、グリルの位置に応じてつまみの位置も考えられている。これは使う人が選択や判断をするときにできるだけ負荷がかからない、つまり迷わずにサッと扱えるように考えられているからだよ」

「へえ、そういうのもナッジなんですね。すごく興味深いです」

「人はね、ついうっかりミスをしてしまうから、ちょっとしたアイデアや仕掛けをするだけでミスを防げるようになる。ナッジを使ったほんのちょっとの後押しが有効なことがたくさんあるんだよ」

ジョージは腕時計をちらりと見て、〝あまり遅くなったらまずいからね、続きはまた今度〟と言った。

行動経済学の基本的な考え方①
人の認知・判断の特徴

ヒューリスティクス

人の情報処理のシステムは二つある。ヒューリスティクスは、よく検証せずに、直感や経験から判断や推測をする「システム1」で情報を処理する方法。日常的なありふれた判断は得意。例えば、「雲が黒っぽいから雨が降りそう」などは、過去の経験で降水確率を推測している。

システム1（ファスト・システム）

- 意識しなくても自動的に機能する直感的なシステム。
- 直感や経験から労力をかけずに情報を素早く判断できる。
- 自動的に機能するため、慎重に判断をしたいときには妨げとなる。

日常的にはシステム1がよく使われる

なぜなら早くて簡単だから

この認知・判断のクセを
ヒューリスティクスという

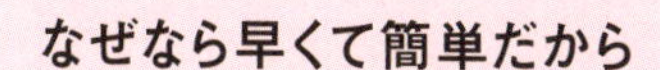

システム2（スロー・システム）

・意識しないと機能しない分析的なシステムで、情報処理に時間がかかる。
・システム1で解けないむずかしい問題に取り組んだり、冷静な判断ができる。
・システム1と2が使い分けられるシーンに明確な区分はない。

冷静に
判断する

むずかしい
問題に
取り組む

時間をかけて
分析する

見たものがすべて（WYSIATI）

What you see is all there is.

人の認知・判断機能の特徴を指した言葉。さまざまなバイアス（→P226）の原因でもある。「見たいもの」「手元にあるもの」を重視し、目の前にないものを無視して結論を出そうとするが、結果として極めて不注意な振る舞いをすることになる。

セイリアンス（顕著性）

目立った存在や特徴。人は無意識のうちに、目立つものに焦点を当てる（→P132）。

選択のパラドックス

選択肢が増えるほど人は自由になると考えられていたが、実際は“なにを選ぶか”に時間がかかり、判断がむずかしくなる。選択後も後悔が残りやすくなる。

ナッジ

注意するために、「ひじで軽くつつく」という意味の英語。居眠りをしている友人が教師に怒られそうになる前に、軽くひじでつついてそっと注意を促すような行為を指す。ナッジを実施するための手段（選択アーキテクチャ→P102）や、それに伴う思想（リバタリアン・パターナリズム→P252）などがある。

2章

お小遣いのピンチ！
宝くじで
一攫千金を狙う!?

「3日間限定」にファンが群がる心理

Keyword
損失回避、希少性バイアス

萌は、さっきから財布の中の小銭を何度も数え直してはため息をついている。

じきに月末とはいえ、残金がほぼ300円しかない。数え直したところでお金が増えるわけもなく、すがるような気持ちでT-パープルの公式ファンクラブサイトをながめていた。

そのとき、〝NEWS〟の文字を見つけたのだ。

「あ、新しいお知らせ！　なんだろ？」

クリックすると、〝3日間限定販売！〟の文字が飛び込んできた。

「え？……わぁあああ！　限定グッズの発売だぁ！」

告知によると、今年の12月23〜25日の3日間限定で公式グッズが販売されるという。

「ロゴTシャツとハンドタオルのセットだ！　これ欲しい!!」

夏休み中に開催されたファンミーティングの限定グッズを買い損ねたこともあり、萌はなにがなんでもこのクリスマス限定グッズを手に入れたい、いや、絶対に手に入れなければと思った。

「いくらするんだろ？　え、4800円!……た、高い」

2か月分のお小遣いを全額使わずに貯めれば買えない値段ではないが、現実的にそれはむずかしい。かといって、安易におねだりするのは考え直そうと思っていた矢先だ。
「もう、なんでこのタイミングでグッズ販売なの!?　そりゃあ、推しのグッズはうれしいけどさぁ、どうしたらいいのよ～」

＊

翌朝、登校前に萌はあおいに〝太宰堂に一緒に行って欲しい〟とメッセージを送った。〝OK〟と返信が来たのを確認して、学校へ行った。

放課後、萌が昇降口で靴に履き替えていると、後ろからあおいが声をかけてきた。

「萌、お待たせー」

「あ、あおい。私も今、来たとこだよ」

9月ももうじき終わるというのに午後の日差しはまだ強く、二人は汗をかきながら商店街を抜けて太宰堂へ向かった。

「こんにちは」と、太宰堂の入り口で萌が声をかける。

「やあ、いらっしゃい」

ジョージは分厚い単行本を5～6冊抱えたまま出迎えた。

「忙しそうですね。今日はやめたほうがいいですか？」と萌がたずねる。

「大丈夫だよ。すぐに終わるから、座って待っていてくれるかい」

しばらく待っていると、ジョージがペットボトルのお茶3本を手にやってきた。

「今日も暑いね。ジュースじゃなくて悪いけど、どうぞ。もらい物だから遠慮しないで飲んでね」

萌とあおいはお礼を言ってお茶を受け取った。

「さて、今日は新しいマジックに挑戦してみるかい？」

「あ、ジョージさん、今日はマジックじゃなくて相談というか、聞いて欲しいことがあるんです」

ジョージは、〝僕でよければ話してみて〟と言ってくれた。

いつもと違う真剣な表情の萌に気づいていたあおいは、静かに萌の話に耳を傾けた。

萌は、自分の推し活のことやそれに関係するお小遣い事情をあらいざらい話した。

母親にお金の使い方を注意されたばかりなのに、つい雑誌を買ってしまったこと、さらに年末には推しの限定グッズが発売されるというのに、貯金が全然なくて困っていることを打ち明けた。

「なるほどね。まあそう落ち込まないで。だれにだって好きなことや熱中しているものはあるものだよ。それに、萌さんのやっていることは行動経済学から見るときちんと説明で

きることなんだよ」

「え？　そうなんですか？」。萌より早くあおいが反応する。

「うん。欲しかった雑誌が残り少ないとなると、〝買えないかも〟とか、〝売り切れるかも〟っていうことに意識が強く向くよね。すると、手に入らないことが自分にとって大問題のように思えてくる。これはこの前解説した〝セイリアンス〟によるもので、人は自分が注意を向けたことに対して、ことさら重要だと思ってしまうせいなんだよ」

「確かに、雑誌の残りが少なくなっているのが気になってからは、余計にあせっていたというか、もっと欲しくなった気がする……」

「そうだね、そしてその大事なものが手に入らないのは、萌さんにとって大損害だよね。人は損をすることを極端に嫌うんだ。こうした心理状態を**〝損失回避(かいひ)〟**というんだよ」

「そんしつ、かいひ？」

むずかしい用語に萌が首を傾げる。

ジョージは〝ちょっと待ってて〟と、レジカウンターのほうに小走りで行くとメモ用紙とペンを手に戻ってきた。そして、メモ用紙に〝損失回避〟とやや角ばった文字で書き、二人に見せてくれた。

「ほら、漢字で書くとこうだよ。さっきも言ったように、損をするのを避(さ)ける、という意味だよ。そうだな……、例えば人は1万円を拾ったときのうれしさより、1万円を落としてしまったときのショックのほうがより強く感じやすい。損をしたときの悲しみとか落胆は、手に入れたときの喜びよりも強く感じるものなんだよ。だから、どうにかして損をしないようにするため、ときにはギャンブルみたいなことにも手を出すことがある」

「なるほど。だから、萌は雑誌をつい買ってしまったのね」

腕組みをして聞いていたあおいが大いに納得する。

「そして、3日間限定グッズが欲しいことにも損失回避の心理が働いているんだ。萌さんにとって、グッズが手に入らないのはやっぱり手痛いことだよね。それを避けたいと思うのも当たり前のことだよ。さらに、そのグッズは3日間の限定販売なんだよね。ということは、**〝希少性バイアス〟**も関係しているんだよ」

「きしょうせい、ってなに？」

ジョージはメモ用紙に〝希少性〟の文字を書いて二人に見せた。

「あ、これって希少価値の希少と同じ漢字ですね」とあおいが言う。

「うん、そうだね。人は〝なかなか手に入りにくい〟と聞くと急にものに価値を感じるという傾向があるんだ。これを希少性バイアスというんだよ。だから〝何個限定〟〝○日間限定〟みたいに数量や時間的な制約を設けたりもするんだよ」

「確かにそう言われると、すごく欲しくなるし、価値があるものだって思いそう」

「そうだね。たとえ本当は売り切れる可能性が低くても、希少性バイアスによって損失回

避の気持ちが強くなることがあるんだよ」

「そうか、私の行動は当たり前だったのか……。じゃあ、落ち込む必要はなかったってことだよね!?」

にわかに萌が元気づく。

「萌は立ち直りが早すぎるよ」

「だって、欲しいものは欲しいんだから、しかたないでしょ」

〝まあ、問題はお小遣い不足をどうするかだね〟というジョージの言葉に、ハッと我にかえり、萌は再び頭を抱えた。

利益と損失、どちらに敏感？

Keyword プロスペクト理論

「二人ともまだ時間が大丈夫なら、もう少し詳しい解説をしたいんだけど、どうかな？」

ジョージの提案に、あおいはもちろんと二つ返事だ。萌は自分からジョージに相談をもちかけたこともあって、渋々ながら〝いいですよ〟と答えた。

「ありがとう。行動経済学の基本になる理論があるんだけど、その説明を君たちに聞いて欲しいと思っていたんだ」

「基本になる理論、ですか？」

あおいが前のめりで興味を示す。

「そう。〝**プロスペクト理論**〟というんだ。不確実な状況、つまりリスクがあるときの行動の根本となる考え方や法則のようなものだよ」

「考え方のクセみたいなものですか？」

「うん、そうだな……、傾向というか、やりがちなことかな。人は、〝利益〟に対しては確実に得ることを優先しやすい一方で、〝損失〟に対してはとても臆病で、なんとか回避したいとか、避けたいと考えているんだ」

「それって、さっきの雑誌を買っちゃったり、限定グッズを欲しがったりしていた私の行動のことですよね？」と、萌が確認する。

「そうそう。その根底にあるのが、〝損失回避〟の心理だったよね。利益を得る場面では、手に入りそうなのにそれがかなわないというのは嫌だよね。だから、確実に手に入る手段があるなら、多少の割引とか目減りがあってもそのほうがいいと考える。逆に損をする場面では、すんなりと損することを受け入れるのが嫌だから、多少の不利があってもギャンブルみたいに賭けに出るほうがいいと考えてしまいやすい。こんなふうに人は利益よりも損をすることに敏感なんだよ」

「うん、なんとなくわかります」

「そこでポイントになるのが、損になるかどうかを決める〝参照点※〟だよ。いわば、利益と損失の判断をする基準点というようなものかな。例えば、次の状況だったら、萌さんはどちらを選ぶかな？」

　そう言ってジョージは二つの問題を出した。

「一つ目は、Ａ：推しのＴシャツが絶対に手に入る、Ｂ：ジャンケンで勝ったらＴシャツとタオルが手に入るけど、負け・引き分けのときは手に入らない。さて、萌さんはどっちにする？」

「う〜ん、タオルも欲しいけど、やっぱり確実に手に入るＡを選ぶ！」

「それじゃあ二つ目の問題。推しのグッズを買うために、お母さんに２０００円借りるとする。このとき、Ａ：１０００円は免除、残りの１０００円はいつか返す、Ｂ：ジャンケンに勝ったら２０００円は返さなくてもいい。ただし、負け・引き分けのときは借金が２０００円のまま。さあ、どっちを選ぶかい？」

「これはＢでしょ！　だって、ジャンケンに勝てば２０００円返さなくてもいいってことでしょ。勝負する！」

　萌はこぶしを握って力強く返事した。

「萌さんは賭けに出ることを選んだね。リスクがあるけれど、うまくいけば借金がチャラになるほうに賭けた。借金が残るのはどんな金額でも〝損失〟に思えるから、どうしても

※コンテクスト（→P48）や心理状態などから自分の中につくり出される損得の基準となるポイント。手にした金額などが参照点より低い場合、実際には得していても心理的に“損失”と感じる。1万円もらえるつもりだったお年玉の中身が5,000円であったケースなどが当てはまる。

避けたかったわけだ。こうした考え方がまさに〝プロスペクト理論〟なんだよ」

ジョージはにっこりと微笑んで、メガネをクイッと上げる。

「うわ、私って見事に当てはまる行動をしてるんだ。そんなふうに分析されたら、ちょっと恥ずかしいかも」

「別に恥ずかしくないよ。人はだれでもそういうところがあるんだから。要は、それをわかったうえで少しでもよい選択ができるようになればいいんだよ」

「いい選択かぁ……。できるかな、私に。いつもお小遣いのことで困ってばっかりで、ちっとも成長してない気がする」

「またいつでも話を聞くから相談においで」

「ありがとうございます」と、萌がペコリと頭を下げたとき壁の時計が6時を知らせた。

推しグッズを売るなんてできない！

Keyword
保有効果

萌が部活動を終えて帰宅すると、母親が夕飯の支度をするために店から戻っていた。萌はふと思い立ち、急いで制服を脱いでジーンズとTシャツに着替えると、バタバタとキッチンに向かった。

「お母さん、なにか手伝うよ！」

「あら、自分から言い出すなんてめずらしい」

「えへへ。だって、お母さんが言ったでしょ。お小遣いを減らされたくなかったら、自分で考えなさいって」

萌は、先日母親からお小遣いを減らすかもしれないと言われたことを確かめたかった。

「なるほどね～」

母親はなにかを察したようだった。

「それでお手伝い作戦に出たってことは、またなにか欲しいものでもあるの？」

母親に図星をさされた萌は少し口ごもる。

「えっと……、うん、あるにはあるけど。いつもみたいにすぐにお父さんにねだるのはもうやめようかな、って思ったの」

「ふーん、いい心掛けだね。その調子で勉強もがんばってくれたら、もっとうれしいけど」

「じゃあ、お手伝いと勉強をがんばったら、お小遣いを上げてくれる？」

「まったくもう、それは結果を見てからでしょ」

「だよね～。そんなに甘くないかぁ」

萌はレタスをちぎりながらつぶやく。すると、母親がこんな提案をしてきた。

「そんなにお小遣いが必要なら、フリーマーケットでいらないグッズを売ってみたら？

ハンドタオルとかキーホルダーとか、クリアファイルも似たようなものがいくつもあるよね。机も片付くし、お小遣いの足しにもなるでしょ」

　萌の母は近所の公園で開催されるフリーマーケットにときどき参加していた。そこで、萌の推しグッズを売ればいいというのだ。

「え、イヤだよ。どれも大事だもん」

「そんなに大事なら、もう少しきちんと片付けなよ。でも、お母さんから見たらどれも同じにしか見えないけどね」

「ちょっとずつデザインとか色が違うの。全種類をそろえるのはたいへんだったんだよ」

「無理に売れとは言わないけど、なにか自分でやりくりできる方法はないか考えてみたら？」

「……うん、わかった」

　萌は力なく返事した。

　母親の口ぶりからすると、すぐにでもお小遣いを減らすというわけではなさそうだ。だが、推しのクリスマス限定グッズをゲットするには自力でなんとかするしかないことは確かだ。

　大好きなＲＪのグッズをフリーマーケットで売るのは気が進まない。どうせ安く買いたたかれてしまうのだ。とはいえ、母親の言うことももっともである。

お小遣いを上げてもらうのは簡単ではないし、グッズを売ることにも抵抗がある。一体どうしたらいいのだろうと、萌はため息をついた。

「ジョージさんならなにかアイデアを教えてくれるかなぁ」

萌は、スマホを取り出すとあおいに〝週末、太宰堂に行かない？〟とメッセージを送った。しばらくすると、あおいから〝うん、行く！〟と返信が来た。

＊

土曜日の午後、萌とあおいは太宰堂へ向かった。

ジョージは接客中だったため、萌とあおいは〝こんにちは〟と小声で挨拶をしながら、椅子があるスペースを指さして〝向こうにいます〟とゼスチャーで示した。ジョージはにっこり微笑んでうなずいた。

しばらくするとジョージがやってきて、クイッとメガネを上げた。

「いらっしゃい。今日はマジックかな？　それとも……」

ジョージが言いかけたとき、萌は〝また話を聞いて欲しくって……〟と願い出た。

「うん、了解。それで、どうしたのかな？」

ジョージは二人に椅子をすすめると、自分も腰を下ろした。

「この前、推し活のためにお小遣いが足りないって話をしましたよね。それでお母さんにいらないグッズをフリーマーケットで売ったらどうかって言われたんです。でも大事なグッズを売りたくないし、限定グッズを買うためのお小遣いも貯めなくちゃいけないし、やっぱり売ったほうがいいのか迷っちゃって……」

ジョージはフムフムと話を聞きながら、少し考えてこう言った。

「萌さんがグッズを売りたくないというのも行動経済学では説明がつくことだよ」

「うわ、またなの？」

萌がトホホな顔になる。

「そんな顔をしないで。だれにでもよくあることだよ。萌さんが推しのグッズを売りたくないのは〝**保有効果**〟という心理によるものだよ」

ジョージはそう言うと、メモ用紙に〝保有効果〟と書いて見せてくれた。萌とあおいは顔を寄せ、メモ用紙をのぞき込んだ。

「保有効果とは、買うときよりも売るときのほうが〝価値がある〟と考えてしまう心理のことだよ。例えば、なにか買うときには〝1000円までなら払ってもいい〟って思うことがあるよね。でも、いざ自分が売るときになると〝1200円以上じゃないとイヤだ〟って思うことだよ。1000円で買ったぬいぐるみが1200円で売れそうでも、〝たったプラス200円じゃ納得いかない〟ということ、あるよね？」

「うん、わかる！」

「これはね、前回話した〝損失回避〟という心理によって、手に入れるときよりも手放す瞬間をより重要だと評価するからだよ。だから、萌さんが大切なグッズを買った値段よりも下げて安く売るなんてできないと思ったのは、損失回避に基づく保有効果によるものなんだよ」

「はー、そういうことなんだー。納得したけど……、そこはやっぱり〝推しへの愛〟だと言って欲しかったかも」

萌は指でハートマークをつくっておどけた。

その仕草にジョージとあおいは吹き出した。

お金を貯めたいなら初期設定が肝心

Keyword　現在バイアス、選択アーキテクチャ

「萌さんの今の状況だとお小遣いアップはむずかしいわけだし、グッズを売るのもイヤなんだから、計画的に貯金するのがベストだと思うよ」と、ジョージに提案された。

「それはわかっているんだけど、つい使っちゃうんです。意志が弱くて」

「ふむ。これも行動経済学で説明すると、**〝現在バイアス〟**という心理が関係しているんだ。現在バイアスの傾向があると貯蓄（ちょちく）が苦手になりやすいんだよ」

「現在、バ、バイアスってなんですか？」

　またもや新しい言葉に萌は身構える。

「行動経済学においての現在バイアスはね、すぐ目の前の報酬やコスト（労力）を重視するあまり、将来の報酬やコストを軽視してしまう心理だよ。これが先延ばしの原因になるんだ。将来とか遠い先のことってあまり現実味がなくて注意が向かないから、軽視されたり見落とされたりしやすいんだよ」

「先延ばしか……」

「例えば、〝来年、2万円もらえる〟という場合と、〝今、目の前で1万円がもらえる〟という場合、萌さんならどうする？」

「う……、やっぱり今1万円もらえるほうがいいかな。だって、RJの限定グッズが発売されるのは12月だから、今1万円もらえればそのほうがいい。来年2万円もらえたとしても、それじゃあ遅すぎるんだもん」

「そうだね。萌さんみたいに今すぐ1万円もらえるほうを選ぶ人も多い。ところが、〝2年後に2万円をもらえるのと、1年後に1万円をもらえる〟という場合、どちらがいいかとなると、1年後を選んだほうが早く1万円を手にできるのに、こちらは選ばれにくくな

るんだよ」

「確かに。どうせ待つなら1万円多くもらえるほうを選びたいかも」と萌も納得する。

「そうなるよね。理由は、〝1年待ったらプラス1万円〟という価値が、近い未来なのか遠い未来かによって変わるからだよ。ところが、現在バイアスがあると、また事情が変わってくるんだ」

「え、そうなの？」

「後者の質問では、多くの人が2年後の2万円を選んだのに、実際に1年経つと質問の内容が前の質問と同じ状況になるよね」

「ええと……、つまり、1年後に1万円をもらえる場合と、今、目の前の1万円のどちらを選ぶかっていう状況と同じになるということですよね？」

萌に代わってあおいが確認する。

「そうそう。そうなると結局は目の前にある1万円が欲しくなってしまう。これと同じで、遠い将来のために貯金しようと計画していても、いざ1万円を目の前にするとがまんできずに使ってしまう。こうやっていつまで経っても問題が先送りになるから貯金ができない、ということになる」

「だって、すぐに1万円もらえるほうがうれしいじゃない」

「うん、そうなんだよね。でも、その現在バイアスのせいで、萌さんは貯金することを先送りにしている状態になっているんだよ。遠い将来の報酬やコストを軽く見てしまう一方で、今持っているお小遣いでなにかを買うというご褒美のほうを重視して、〝こっちが大事だ〟って思ってしまうんだ。夏休みの宿題なんかも〝明日やろう〟をくり返して、気づいたら8月末になっているのでは？」

「……つまり私は、宿題も貯金も先延ばしにしちゃうダメ人間ってこと!?」

「ダメ人間ではないよ。そういう行動をとるのはだれにでもあることだからね。そして、ここにも行動経済学の基本となる〝見たものがすべて〟という理論が当てはまっているんだよ」

「自分が見たいもの・見たものがすべてだから、今、目の前にあるものに飛びついてしまうということですか？」と、あおいが質問する。

「そうだね」

「う～ん、じゃあどうすれば私は貯金ができるようになるの!?」

すると、ジョージは萌のほうを向き、メガネをクイッと上げると質問した。

「萌さんは、これまでどんなふうに貯金してきたの？」

「えっと、お年玉とかおばあちゃんにお小遣いをたくさんもらったときはお母さんに預けて貯金してもらっていたけど、それも推しグッズが欲しくてちょこちょこ使っちゃったんだ。それに毎月のお小遣いもいつの間にか使っちゃうから……貯金するほどお金が残っていないの」

「なるほど。萌さんに必要なのは、ナッジの**〝選択アーキテクチャ〟**だね」

「なにそれ？」

萌はさっぱりわからず正直に訴えた。

「うん、大丈夫。これから説明するよ」

ジョージはメモ用紙に〝選択アーキテクチャ＝選択設計〟と書くと、そのメモを二人に示しながら説明を続けた。

「前にひじで軽くつつくという意味の〝ナッジ〟について話したよね。選択アーキテクチャは〝選択設計〟ともいうんだけど、このナッジに基づいたやり方なんだよ。ナッジは、人がうっかりミスをしないようにそっと注意をしてあげる仕組みづくりのことで、これを萌さんの貯金のしかたに取り入れたらいいと思うよ」

「つまり、萌が貯金をしやすくする仕組みってことですか？」

「そうだよ。明日の自分に貯金を先延ばしにする選択肢を与えないようにするんだ」

「具体的にはどうしたらいいの？」

早く結論が聞きたくて、萌は答えを急かす。

「自分で貯金しないことだよ」

萌がポカンとしていると、ジョージが続ける。

「毎月のお小遣いから、あらかじめお母さんに貯金額を差し引いてもらうんだよ。残りをお小遣いとしてもらう。その差し引いたお金は鍵付きの貯金箱にでも入れておいてもらうとか、お母さんに預けておくようにする。これは〝コミットメント〟というやり方だよ」

「つまり、私が最初からお小遣いを全額受け取らないようにするってこと？」

「そうそう。それなら貯金を先延ばしにしないで済む。もし、もらったお小遣いを全部使い切ってしまっても、最初から差し引いて貯金に回してあるわけだから貯金できなかった、ということにもならずに済む」

「な〜んだ、そういうことか。確かにその方法なら使っちゃう心配がないかも」

萌はようやく話が見えた。すると、あおいが質問した。

「ジョージさん、ほかにもいい方法ってあるんですか？」

「そうだな、例えば会社勤めの人が勤務先の給与から差し引いてお金を貯める企業年金という方法がある。こういう仕組みを普及させるためによく用いられているのが〝デフォルト〟というやり方だよ。加入することがデフォルト、つまり申し込み書などの初期設定になっていて、加入したくない人はわざわざ〝加入しません〟という手続きをしなくちゃいけないようにしてある。でも、それってちょっと面倒だから、〝じゃあ、加入のままにしておこう〟という人が多くなるんだ」

「加入することを選ばせるのではなくて、加入しないことを選ばせるんですね？」

あおいが、確認するように質問する。

「うん。そうすると加入してくれる人が増えるからね」

「大人になると、そういう仕組みがあることも知っておかないと困るかもしれませんね」

「大人じゃなくても、君たちに関係する場合もあるよ。ほら、夏休み中とか試験前に正規の授業以外に補習が組み込まれることがあるよね？　それもデフォルトの一つだよ」

「あああ、補習とかホントに嫌だな。なんでそんなものが最初からやる前提になってるんだろうって思ってた！」

「萌、しかたないでしょ。学校でそういう決まりになっているんだから。でも、知らないうちに自分たちがこういう仕組みにのっているって考えると、もっといろいろと知りたくなります」

「あおいは、行動経済学にどんどんのめり込んでるよね」

「だっておもしろいよ。学校では習わないことだし、すごく新鮮」

「そう思ってくれて僕もうれしいよ。原稿を書く参考になるからね」

「私も勉強になった気がする。ジョージさんの話を聞くと、自分のダメなとこに気づかされるけど、聞いてよかったって思うもの。ありがとうございます」

萌がめずらしく殊勝(しゅしょう)だ。

「どういたしまして。僕のほうもまた話を聞きに来てくれると助かるよ」

「私、今日、帰ったらすぐにお母さんにお小遣いから貯金にまわす分を引いてもらうように頼んでみます！」

宝くじでかなう!?　夢の韓国旅行

Keyword
確率加重、可能性効果

日曜日の午後、萌とあおいは、一緒に文房具を買いに行く約束をしていた。買い物を済ませ、そのまま家に帰るのもつまらない気がして、そのまま太宰堂を訪ねた。ジョージに話を聞いてもらったり、アドバイスをもらったりするのは、両親や友人と話すのと違って新鮮で心地よい。

萌の目下の悩みは、ＲＪのクリスマス限定グッズをゲットすることだ。地道にコツコツ貯金すると決めたばかりだが、その道のりを考えると、ため息まじりについ願望が漏れる。

「ああ、宝くじでも当たらないかな。もし、宝くじが当たったらグッズも買えるし、ライブにだって行けるし、ＲＪのいる韓国にだって旅行できるのに……」

「萌、それって現実逃避っていうんだよ。だって、私たちまだ宝くじを買える年齢じゃないでしょ」

「わかってるよ、そんなこと。でも、夢くらい見たっていいじゃない。あおいだって宝く

じが当たったらうれしいでしょ？」

「そ、そりゃあ跳びはねちゃうくらいうれしいよ。でも、宝くじが当たるなんてことはそうそうないわけだし……。あ！　ジョージさん、宝くじについても行動経済学で説明できることってあるんですか？」

二人のやりとりを聞いていたジョージはニンマリ笑うと、メガネをクイッと上げた。

「よくぞ、聞いてくれたね」

「ジョージさん、せっかくの私の夢を壊さないでよー」

萌が口をとがらせる。

「ごめん、ごめん。夢を壊すつもりはないけど、知っておくときっと役に立つよ」

「はい！　ぜひ聞きたいです」

あおいは相変わらず反応が速い。萌は顔をしかめつつも、実はちょっと聞いてみたい気分になっていた。あおいほどのめり込んでいるわけではないが、行動経済学について少し興味がわき始めていたのだ。

「少し前に、行動経済学の基本である〝プロスペクト理論〟について話したよね」

「えーっと、それって自分の得になることについては確実なほうを選ぶけど、不利なときにはそれを避けようとすることでしたっけ？」

「お！　萌さん、よく覚えていたね」

萌の発言にあおいも少しびっくりしている。

「あのとき、推しのTシャツとタオルを賭けてジャンケンするって話だったから、よく覚えてるもん」

「そう、人は利得がある状況ではリスクを避けるけど、損失がかかっている状況だとリスクを選ぶとか、一か八かのギャンブルに出たがる、っていう話だったよね。宝くじも当たれば大金が手に入るけど、当選する確率は君たちもよく知っているように相当低い。1等が3億円なんていう高額の宝くじになると当たる確率なんて0.00001%、場合によってはもっと低くなる。これはいわばとてもリスクの高いギャンブルみたいなものだよね」

「でも、宝くじを買う人はみんな自分が当たるかもしれないって思うから、お金をつぎ込んで買うわけですよね。そんなに低い確率だってわかっているのに、どうしてなのかしら？　ニュースとかで見ると、ものすごく分厚い束で宝くじを買っている人がいますよね」

あおいが首を傾げる。

「だって買わなくちゃ当たらないじゃない！　それに0.00……、あれ、ゼロがいくつだったっけ……。と、とにかくものすごく低い確率でも0%じゃないもん。そこに賭けたいって思うんだよ」

宝くじに夢を託(たく)している萌が力説する。

「こうした状況を説明するには、プロスペクト理論の〝**確率加重**〟という考え方があるんだ」

「うわ、またむずかしい用語だ」

「じゃあ、萌さんに質問するね。10万円をもらえる確率が0％から2％に上昇する場合と、61％から63％に上昇する場合、そして98％から100％に上昇する場合、君はどの確率上昇をうれしいと感じる？」

「う〜ん、やっぱりいちばんうれしいのは98％から100％。それから0％から2％もうれしいって思うよ」

「なるほど。でも、実際には全部同じ2％ずつの上昇だよね。どうして61％から63％の確率上昇は除外したのかな？」

「えっと、98％から100％になるのは確実にもらえるってことだから、これは間違いなくうれしいでしょ。それから、0％から2％の上昇は可能性がゼロじゃなくなるっていう部分が大きいかな。でも、61％から63％って言われても、あんまり確率が上がった気がしないというか、なんか中途半端な感じがして……」

ジョージはうなずくと、解説を始めた。

「うん、そうだね。確率が100％になるのはもちろんうれしいと感じるわけだし、0％から

2％の場合も10％くらい実際よりも高く感じているんだ。ところが確率が60％くらいだと、あまりピンとこない。同じ2％の上昇ではあるけれど、萌さんはそう感じたということだね。そして、さっき君とあおいさんが話していた宝くじの当選確率の場合だと、たとえ0．00001％の確率でも0％じゃないから、それに賭けるんだって言ったよね」

「うん。だって、そこが大事でしょ」と萌が答える。

「とはいえ、0．00001％なんてものすごく低い当選確率だよ。それなのに、萌さんは当たる可能性があるかもしれないと考えた。つまり実際の確率よりも、萌さんは意外に当たるかもしれないと判断したってことだね」

「う、うん。だってゼロじゃないなら可能性があるよね」

「そうだね。その心理を行動経済学では〝**可能性効果**〟というんだよ」

ジョージはそう言ってメモ用紙に用語を書いて二人に見せてくれた。

「可能性効果とは、0％をわずかに上回るようなとても低い確率で発生する出来事を、自分の感じ方としてはもっとずっと起こりやすいと思ってしまう心理だよ。例えば、さっきみたいに宝くじに当選するだとか、飛行機事故に遭遇(そうぐう)するような確率みたいに、その出来事がセイリアント、つまり自分が注目するものであるほど〝自分にも起こりえるかも〟と思ってしまうんだ」

「つまり、ありえないようなことでも0％じゃないってわかると、案外、起こってしまう

かもしれないって考えて行動するってことですか？」

あおいが不思議そうに質問する。

「そうそう。だから、宝くじの当選確率がどんなに低くても、可能性効果の心理が働くと宝くじを買うという行動につながるんだよ」

「さっき、萌が宝くじに当たるかもしれないって思ったのは、この可能性効果のせいなんですね」

「可能性効果はその出来事が自分にとってセイリアントなこと、つまり重要なことや一時的にでも注目していることかどうかが判断に影響すると考えられている。だから、そういう大事な場面で冷静に判断ができるようになるといいかもしれないね」

「冷静に考えるなんて私にできるかな」

「すぐにできなくても、これからなにかを決めるとき、ちょっと立ち止まって考えるクセをつけていけばいいと思うよ」

「はぁ～あ。宝くじの夢は打ち砕かれちゃったけど、とりあえず私、お母さんと相談して毎月500円ずつ貯金することにしたんで、地道にがんばります！」

「ははは、夢を壊すようなことを言ってすまなかったね。でも、ちゃんと貯金に向けて前進しているんだね。がんばって」

同じ1000円でも人によって価値が変わる

Keyword
メンタル・アカウンティング、ハウスマネー効果、フレーミング、現状維持バイアス

10月に入った日曜日の朝、萌は今月分のお小遣いを母親からもらった。前に取り決めたように、500円を差し引いた2000円を受け取る。

萌は、勉強机の引き出しから小さなノートを取り出した。このノートをお小遣い帳にするつもりだ。そこではたと気づいた。お小遣い帳の具体的な書き方がわからない。

萌はスマホを取り出すと、あおいに〝お小遣い帳の書き方、教えて！〟とメッセージを送った。すぐにポンと返事が来た。

〝あとで私のお小遣い帳を見せてあげる〟〝今日、欲しい本があるから太宰堂に行こうよ〟とある。萌は〝ありがと〟〝太宰堂、行こう！〟と速攻で返信した。

＊

午後、あおいがお小遣い帳を持参し、萌の家にやってきた。

あおいのお小遣い帳は紺色のカバーがついた文庫本サイズの分厚い手帳である。ページがかなり埋まっているので、数年前から使っているようだった。

「すごいね、あおい。これ何年も続けているの？」

「う〜ん、確か5年生のときに始めたんだよね」

あおいのお小遣い帳には、日付ともらった金額、支払った金額、そしてそれぞれの名目、残金がていねいに書き込まれている。

支出の大半は本や文房具だ。ジュース代やお菓子の値段、交通費、お手伝いをしてもらったお駄賃もそのつど書き込まれている。

「よし。これでなにを書けばいいのかわかった。ありがとう。参考になった」

「どういたしまして。わからないことがあったら、いつでも聞いてね」

「うん！　じゃあ、あおい、欲しい本があるんでしょ。太宰堂に行こうか」

二人は店番をしている母親に出かけてくると声をかけ、太宰堂へ向かった。

＊

太宰堂を訪ねると、日曜日の午後とあってか客が数人いて、ジョージはレジで接客中だった。

萌とあおいはじゃまにならないように、ジョージにそっと会釈をした。

あおいが目当ての本を手にレジに向かうと、接客を終えたジョージが声をかけた。

「欲しい本は見つかったかな？」

「はい。あ、会計をお願いします」

「いつもありがとうございます」

支払いを済ませる様子を見ていた萌は、あおいが財布の中から出した１０００円札を見て、以前クラスの友だちが楽しみにしていた映画の前売りチケットを落とした話をふと思い出した。萌はジョージにその話をしてみることにした。

「ジョージさん、急に聞きたいことを思い出したんだけど、いいですか？」

「今、お客さんがいないから大丈夫だよ。じゃあ、奥のテーブルに移動しようか」

ジョージはカウンターを出て、いつものテーブル席へ二人を連れていった。

「この前、ちょっと不思議に思うことがあって……」

萌は椅子に腰かけながらさっそく切り出した。

そして、少し前にクラスメイトが映画の前売りチケットを落としたことをジョージに話した。

チケットの代金は１０００円でその子はチケットを買い直すだけの十分なお金を持っていたが、〝映画は諦めることにした〟と悔しがっていた。

萌にしてみれば、1000円の損失自体が大問題だが、その子は1000円という金額自体をあまり気にしていないようだった。

そこが理解できなかったため、ジョージの意見を聞くことにしたのだ。

「チケットをなくしたといってもお金には余裕があるんだから買い直してもいいように思えたの。そうしないのはどうしてなのかわからなくて」

「なるほど」

ジョージはメガネをクイッと上げると話し始めた。

「それは**〝メンタル・アカウンティング〟**といって、日本語では〝心の会計〟とか〝心理会計〟と呼ばれるものだよ」

「これも行動経済学で説明ができるんですか？」

新しい用語にさっそくあおいが飛びついた。

「できるよ。以前、人の情報処理能力には限界があると話したよね。だから複雑で面倒な計算をすることを嫌がって、小さく別々の問題として計算するクセがある。楽に情報を処理できるほうを選びがちになるんだ。例えば、本を買うなら2000円までとか、ランチは500円まで、というように買い物の目的別に予算を決めることが多いよね」

「確かにそういうふうに考えているかも……」

「お小遣いの使い道を考えるなら、それぞれ別の予算なんか決めないで、お小遣い全体でベストな使い方、買い物ができるように考えればいいはずだよね。でも、今日の本代を200円減らして明日のランチ代に200円回そうとか、来週別の買い物で500円余計に使うから今月はあといくら使っていい、なんて計算をいちいち買い物のたびにしていられない。そうすると、つい素早く処理できるシステムを使う。結局、ここでも人は〝見たものがすべて〟だから、つい目の前のことや、そのときの用途によって個別に収支計算をしてしまうんだよ」

「そっか！　ここでも〝見たものがすべて〟っていうことが関係してくるんだ。じゃあ、友だちがなくした映画のチケットはどう考えればいいの？」

「そうだな……。じゃあ、質問を出すからあおいさんならどうするか考えてみて。1000円で映画のチケットを買うとき、映画館に着いて財布を見たら、チケット代として用意しておいた1000円がなくなっていることに気づいた。この場合、追加で1000円出してチケットを買うかい？」

「うーん……1000円なくしたのは痛いけど、多分チケットを買います」

「うん。それじゃあさっきの友だちのような場合はどうかな？　映画の前売りチケットを1000円で購入しました。映画館に着いたとき、その前売りチケットがなくなっていることに気づきました。そこで、さらに1000円支払ってチケットを買い直すかい？」

「えー、どうかな……。どうしても観たい映画なら1000円を払います。でも、すごく損した気分になりますね」

「どうしてかな？」

「チケットをもう一度買うと映画に倍の2000円を支払ったことになりますよね。でも、1000円をなくしていた場合は、チケットに支払う金額は1000円のままで済んでいるというか……」

「そうだね。実際にはどちらも2000円の支出なのに、チケットを買い直すほうがより強く損をした気分になったり、払いたくないって思ったりしやすいんだ。それは、映画に支払っていい予算は1000円までって心の中で決めているからなんだよ」

「確かに状況によって感じ方が変わる。おもしろいね！」

　二人のやりとりを見ていた萌が声を上げる。

「ねえ、ジョージさん。ほかにもメンタル・アカウンティングの例ってあるの？」

「この前、萌さんは宝くじが当たったら、ライブや旅行に行きたいって話をしていたよね。こんなふうに宝くじとか、さっきも話に出たギャンブルで儲けたようなお金は、すぐに使われてしまいやすくなる。これは〝**ハウスマネー効果**〟といって、メンタル・アカウンティングに起因(きいん)する現象だよ。この場合のハウスというのはカジノのことなんだけど、まぁ、要するに宝くじやギャンブルで得たお金は〝あぶく銭〟になりやすいということだね」

「だって宝くじに当たったら、それくらい自由に使ってもいいって思うでしょ」

　宝くじに当たったら、推し活で豪遊したいと妄想(もうそう)していた萌が言う。

「その考えに至る背景がメンタル・アカウンティングなんだよ。しかも、そうなると人は狭い枠組みの中で収支を考えるようになる。例えば、3000円分の宝くじを買って10万円当たった場合、差し引き9万7000円の儲けになるよね。すると、このお金は自分が好きに使ってもいいと考えて、パーッと使ってしまいがちなんだ。だって元々は3000円だからね。でも、そのときの自分の全体の資産状況からきちんと判断して、本当に9万7000円分を全部使ってもいいかどうかを考えていないんだね」

「ぐぬぬぬ……、宝くじに当たる確率はほとんどないうえに、使い方も考えないといけないなんてつまんないよ………」

萌が愚痴をこぼす。

「メンタル・アカウンティングにはほかにもこんな例があるよ。例えば、ゲーム機を買うときはものによっては数万円するような大きな買い物になるよね。すると〝ゲーム機の購入予算〟という枠で金額を判断するようになるから、ふだんなら高くて手が出ないゲームソフトもその予算に組み入れてしまうとあまり気にならなくなる。大きな予算のうち、数千円ならほんの一部みたいに思えてしまうからだよ」

「ああ、なんとなくわかります。でも、どうしてそんなふうに考えてしまうのかな？」

あおいも不思議そうだ。

「これは前に話した〝ヒューリスティクス〟だよ。ほら、クマのぬいぐるみの大きさを例

にして説明したよね。人の認知機能の特徴で、直感や経験で判断したりするシステム1のことだよ。このシステム1によって**〝フレーミング〟**という思考が起こりやすくなるんだよ。フレーム、つまり枠だね。その小さい枠組みの中でものごとを考えて問題を単純に処理しようとするんだ。そうなると、ゲーム機を買うという大きな予算から見れば、数千円のソフトは小さな出費だと思えてしまうんだ」

その話を聞いて、萌はふと思い出したことを質問した。

「同じなのかわからないけど、友だちのお姉さんがネットオークションに出品して元の値段よりうんと高く売れたとき、気が大きくなってそのお金で買い物をしちゃうから結局マイナスになることがあるって言ってたの。これもあぶく銭だと思ってしまうメンタル・アカウンティングなの？」

萌は、母親に推しのグッズをフリーマーケットで売ったらどうかと提案されたとき、友だち数人に話を聞いていた。

そのうちの一人からこの話を聞いたのだ。

「そうだね。その人は自分が買った値段より高く売れたことでメンタル・アカウンティングが働いたんだね。プラスになった金額はあぶく銭だから、使い切ってもOKだと思ってしまう。しかも、そのお金で欲しい商品を買えるとなると、あぶく銭のおかげで大きく割引されたように思えるから、豪快にパーッと使ってしまうんだよ」

「ああ、私にもそういうふうに考えちゃうとこあるなぁ。気をつけなくちゃ」

萌が頭を抱えながらこぼす。

「萌さん、そういうふうに思えるってことはいい変化だと僕は思うよ」

「もしかして、ジョージさん私のこと褒めてます？」

「もちろん。お小遣いのピンチをなんとかしようとして、貯金も始めたわけだし」

「萌、お小遣い帳もつけることにしたんですよ」と、あおいがジョージに教える。

「すごいね。人には、**〝現状維持バイアス〟**というのもあって、いつも通りのことならたとえ好ましくない習慣でも続けてしまいやすいんだ。でも、萌さんは推し活のために、これまで通りをやめて変化を受け入れた。現状を変えたことは偉いと思うよ」

「なんだか照れるなぁ」

萌はもじもじしながらもうれしそうだ。

「そういえば、マジックの練習はどう？　続けているのかい？」

「えへへ、実は今、練習用の500円玉がないのでお休み中です。でも、今月分のお小遣いをもらったし、また500円玉が手に入ったら練習するつもりです」

「そうか、じゃあ今度練習の成果を見せてね。気をつけて帰るんだよ」

〝ありがとうございました〟とお礼を言うと、萌とあおいは太宰堂をあとにした。

日曜夕方の商店街は買い物客が多くにぎやかだ。

お惣菜屋さんから揚げたてのコロッケや唐揚げのおいしそうな香りが漂ってくる。

「おなかすいた～」

二人は同時につぶやくと、顔を見合わせて笑いだした。

行動経済学の基本的な考え方②
人の満足感はどう決まるのか

プロスペクト理論

リスクのある状況で人がどんな行動をとるか、それらを解説するために1970年代に生まれた理論。行動経済学の発端となったアイデアでもある。「価値関数（損得に対して人が感じる心の満足感の大きさ）」と、「確率加重関数（人の心が生み出す確率の錯覚）」から成る。

同じ2,000円のお小遣いでも……
「参照点」で満足感は変わる

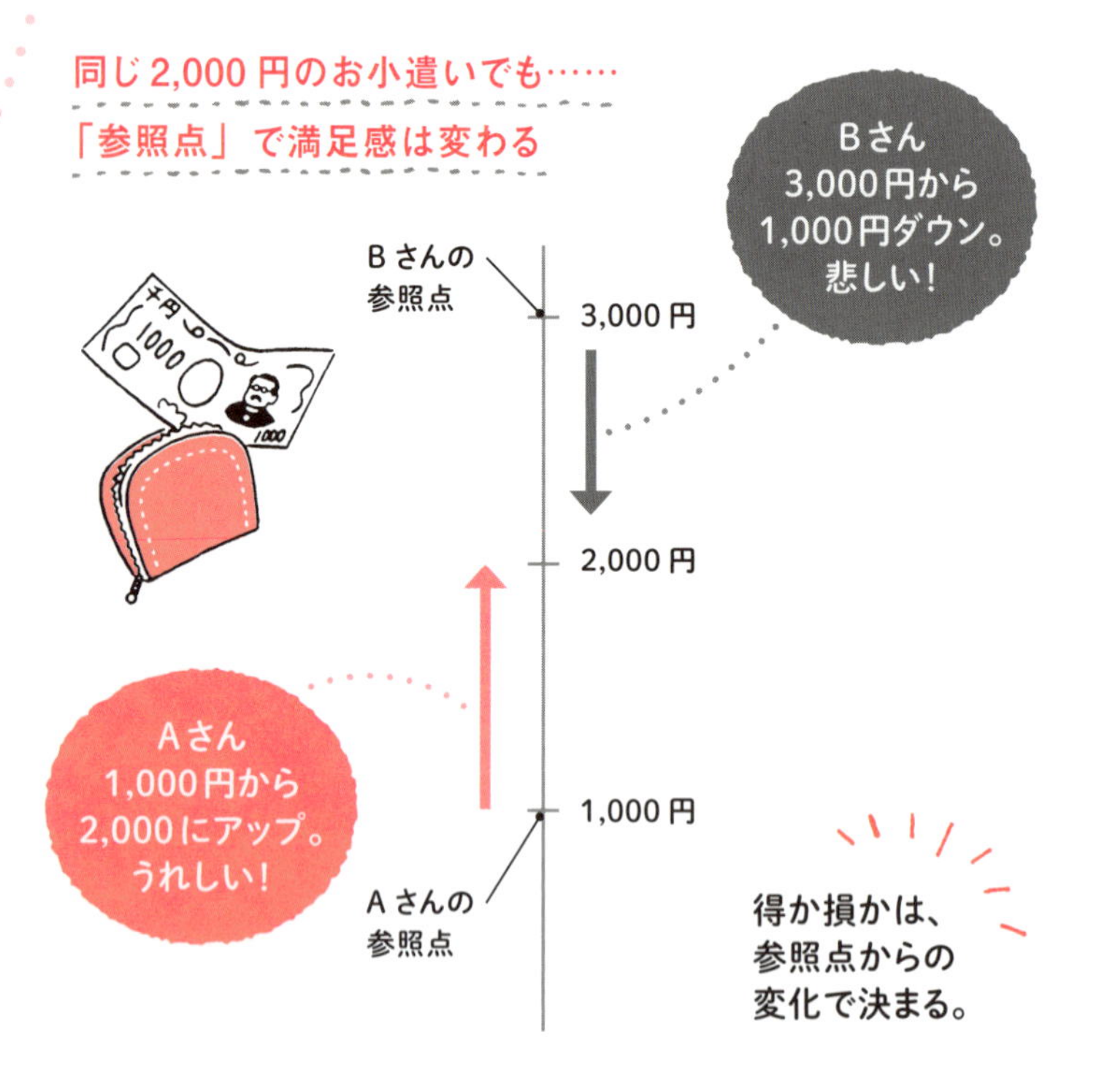

得か損かは、
参照点からの
変化で決まる。

損失回避

人は「得」よりも「損」による悲しみを大きく感じる。そのため、損することを何としても避けようとする心理。例えば、損失を出さないためには、多少リスクがあっても人はギャンブルを好む。

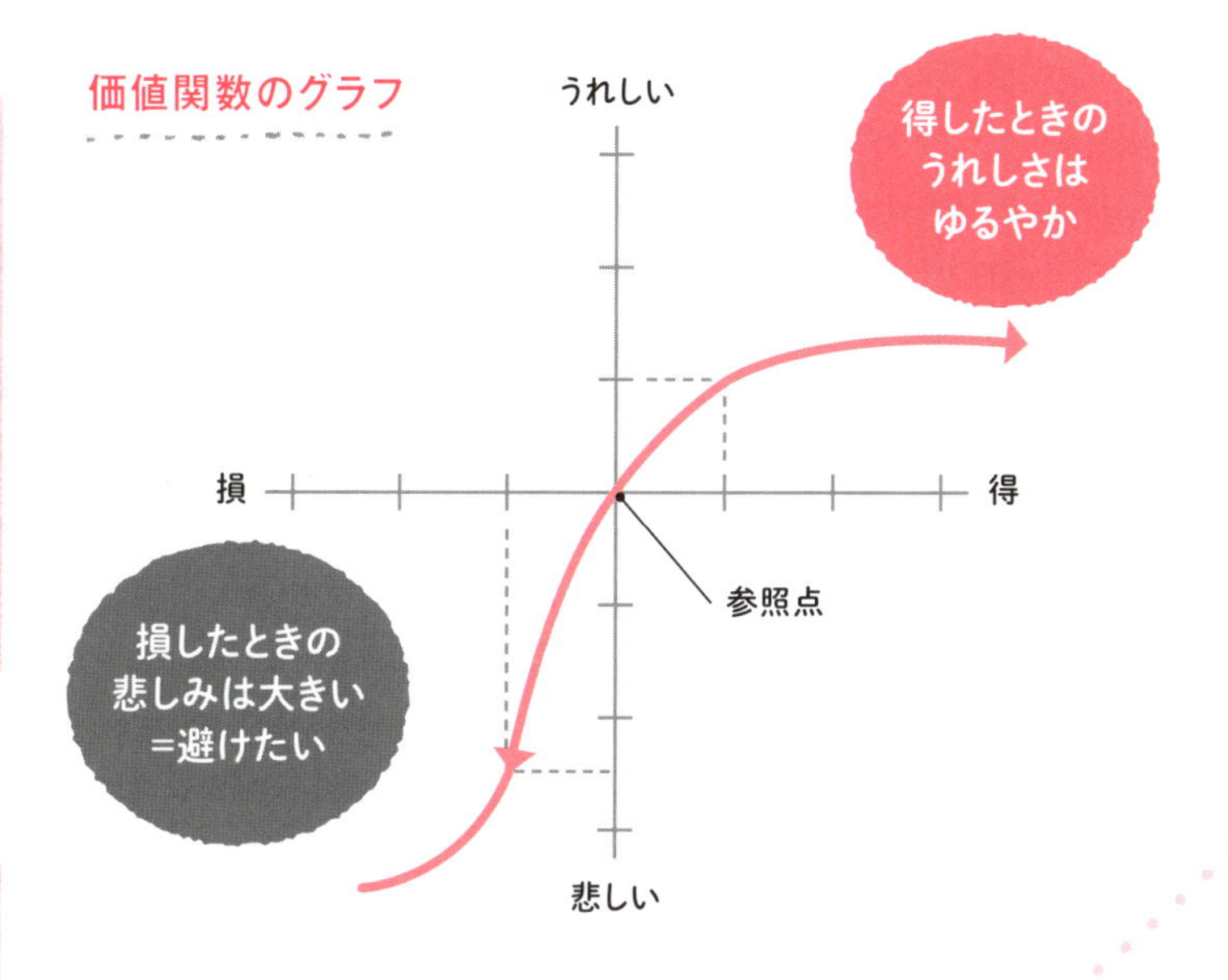

可能性効果

0%をわずかに上回るような確率で発生する出来事を実際の確率よりも発生しやすいように思ってしまう心理。**例：**大きな飛行機事故が起きたあと→飛行機での移動を避ける。

確率加重

実際に起こる確率に対して、人が受け止める確率の大きさを一般化したモデル。確実な確率（100%）や微小な確率（0.000001%）は高く評価される一方で、20〜60%などの中間確率は低く評価される傾向がある。

現在バイアス

目の前の利益（報酬やコスト）を重視して、将来の利益（報酬やコスト）を軽視する心理。遠い将来のことほど現実味がなく、注意が向きにくいことから生じる。先延ばしの原因となるバイアス。その他のバイアスとしては、確証バイアス/投影バイアス/希少性バイアス/現状維持バイアス（→P226 ～ 228）、不作為バイアス（→P134）、サンクコストバイアス（→P177）などがある。

保有効果

すでに所有しているものに深い愛着を持つため、手放すことに抵抗感が生じ、より高い価値をつけたがる心理。すでに持っていることを参照点とする損失回避の一例。

ハウスマネー効果

メンタル・アカウンティングの一例となるもので、「ハウス」とは「カジノ」のこと。ギャンブルや宝くじで儲けたお金は「あぶく銭」としてすぐに使われやすい。

メンタル・アカウンティング（心の会計）

全体の収支を計算するのはたいへんなので、個別の使途ごとに計算しようとする心理。心の中にあるより狭い枠組みでの収支勘定がプラスなら「それでよし」とする傾向。

フレーミング

特定の枠組み（フレーム）の中だけで判断を行う傾向のこと。問題の全体像を見失うことにつながる。例：「90%手術は成功する」→「10%の確率で手術が失敗する」。後者は危険な印象を与えるため、手術を避けようとする人が増える。

選択アーキテクチャ

ナッジを行うとき、人が持つ認知・判断のクセを踏まえたうえで本人や社会にとって望ましい形で意思決定が行われるように選択肢の設計やデザインを工夫すること。例：企業年金、臓器移植ドナーカードの初期設定、がん検診など。

3章

お小遣いアップ作戦開始!

お店の手伝いもラクじゃない！

萌が無駄遣いをやめて貯金をすると宣言し、さらにお手伝いの対価にお駄賃が欲しいと母親に頼み込んでから3日。お手伝いは以前の萌とは見違えるほどまじめにやっている。洗濯物を取り込んでたたみ、食事のあとの洗い物もこまめに手伝っていた。

しかしお駄賃としてもらえたのは、母親に頼まれてお醤油を買いに行ったときの200円だけだ。お小遣い帳に初めてお駄賃として得た収入を記入した。しかし、思っていたほどお小遣いが増えない。

「あ～あ、思っていたより見通し厳しいなぁ～」

つい愚痴ってしまう。

このまま無駄遣いをしないようにしても、クラスや部活の友だちとのつき合いもあるし、あおいと遊びに行くことだってあるだろう。そうなれば出費をおさえるといっても限度がある。

少しでもお駄賃をもらう方法を考えなければならない。そこで萌はお店の手伝いをすることを決意した。

その日の夜、萌は平日の放課後や週末に少しでもお店の手伝いをしたいと申し出てみた。

父親が仕事を終え、晩酌の発泡酒を飲んでいるタイミングで頼み込んだ。母親は片付けものをしながら黙って聞いていた。

「お父さん、夏休みにお店のお手伝いするって約束したのにサボってごめんなさい。今度はちゃんとお手伝いするから！　だから、その……お小遣いというかバイト代というか、お駄賃を少しでももらいたいんだけど、ダメかな……？」

「……いいよ。萌が手伝ってくれるなら、お父さんもうれしいな」

父親はあっさり二つ返事でOKしてくれた。それを横で聞いていた母親が〝ホント、甘いんだから〟と苦笑いする。

「お母さんだって、お客さんが多いときには萌が手伝えば少しは助かるだろ。パートやアルバイトを雇うよりは経費をおさえられるし」

〝それはそうだけど……〟と渋る母親の言葉にかぶせるように、萌は〝ありがとう、お父さん！　私、がんばる！〟と大きな声で返事した。

「うん。頼んだよ。萌が販売を手伝ってくれたら、お父さんもお菓子をつくる時間がとれるからね」

「うん、わかった。任せて！」

拍子抜けするほどトントンと話がまとまったが、母親が念を押す。

「萌、部活動もあるし、勉強時間もきちんととらなきゃダメよ。お手伝いしてくれるのはいいことだけど、勉強がおろそかにならないようにしてね」

母親がビシッと釘を刺すが、萌は許可してもらえたことがうれしくて、〝大丈夫、ちゃんとやるから〟と空返事だ。

父親と話し合って、萌はレジでの母親の補助と焼き菓子の販売をメインに手伝うことになった。焼き菓子には、クッキーやバームクーヘン、マドレーヌ、フィナンシェ、ブラウニー、パウンドケーキなどがある。個別包装し、常時10種類をそれぞれカゴに入れてバラ売りにしてある。値段は種類によるが100～250円。ケーキやプリンなどに比べて日持ちがするので、主に贈答(ぞうとう)用に用意してあるものだ。

気になるお駄賃は、店番をした時間と焼き菓子の売れ行きで父親がそのつど決め、当日に払うことになった。

ふつうのアルバイトのように時給計算ではないが、実際のところ学校も部活もあるので何時間も手伝いができるわけではない。萌はそれでいいと納得した。

「ねえお父さん、焼き菓子がたくさん売れたら、お駄賃もはずんでくれるってことでしょ。がぜんやる気がわいてきた」

「お父さんも期待してるよ。でも、お母さんの言うように部活も学校の勉強もちゃんとやるんだよ」

「はーい！」

＊

さっそく部活のない日の放課後にお店の手伝いを始めた。あおいにも店番を手伝うことにしたと報告すると、〝萌、がんばって〟と励ましてくれた。

レジに入る前に母親からお店で着用する紺色のエプロンを渡された。エプロンの左胸には「ベル洋菓子店」と店名が刺繍されている。エプロンの紐をウエストできゅっと結ぶと、萌は気が引き締まる思いがした。

レジでの会計と包装は母親が担当するので、萌はお客さんの注文を聞いてケーキをトレイに取ったり、商品を渡したりする手伝いをしながら、焼き菓子をすすめてみた。

ところが、そうそう簡単にいくわけがなかった。萌が思っていたよりも焼き菓子は売れないことに気づいた。ケーキを買いに来るお客さんはたくさんいるものの、声をかけても反応は鈍い。焼き菓子のバラ売りはいまいちだ。

近所の知り合いのおばさんがケーキを買いに来たので焼き菓子をすすめたら、〝萌ちゃん、お手伝いしてるの。えらいわね〟と言って、ついでに焼き菓子を3個買ってくれたが、そういうラッキーが毎度あるわけではない。昨日まで、捕らぬ狸の皮算用でお駄賃をあてにしていた自分が恥ずかしい。

その日の営業が終わり、父親に〝あんまり売れなくてごめんなさい〟と言うと、〝そういうものだよ。まだ初日じゃないか。続けてごらん〃と励まされた。

結局、お手伝い初日の売り上げは12個だった。お駄賃は取り決めた通り100円もらえたが、萌は内心あせっていた。このままではお駄賃があまり増えない。それはつまり、RJのグッズ購入資金がピンチになるということだ。しかし、どうすれば売り上げを増やせるのか考えてみたものの、いいアイデアを思いつかない。

「そうだ。ジョージさんに相談してみようかな……」

萌がお店の手伝いを始めたこともあり、ここ数日は太宰堂へ足を運んでいない。あおいは一人で本を買いに行ったようで、〝太宰堂行ってきたよ〃とメッセージを送ってきた。その際に、萌がお小遣いのためにお店の手伝いを始めたことをジョージに伝えたという。

萌はスマホを取り出すと、〝来週、部活のあと、ちょっとだけ太宰堂に行かない？〃とあおいにメッセージを送った。すぐにあおいからＯＫの返信が来た。

どうしたら焼き菓子が売れるの？

Keyword
セイリアンス、端数価格効果

部活終わりに昇降口であおいと待ち合わせると太宰堂へ向かった。

「萌、お店の手伝いはどう？　うまくいってる？」

「う〜ん、お手伝いそのものは少しずつ慣れてきたけど、お小遣い稼ぎはまだまだ。目標にはほど遠いって感じかな」

「そっか。それでジョージさんに相談したくなったのね」

「うん。なにかアイデアを教えて欲しいなぁと思ったの」

「いいアドバイスがもらえるといいね」

太宰堂に着くと、萌は〝こんにちは〟と声をかけながら店内に入った。ジョージはレジカウンターに立ったまま、ノートパソコンでなにか作業しているようだ。チラッと顔を上げ、二人に気づくとメガネをクイッと上げて微笑んだ。

「いらっしゃい。萌さん、久しぶりだね」

「こんにちは、ジョージさん。また助けてもらいに来ちゃいました」

「僕で役に立つなら、いつでもどうぞ」

そう言いながらジョージはノートパソコンをパタンと閉じると、奥のテーブル席にいざなった。

「お店の手伝いを始めたって、あおいさんから聞いたよ」

「はい。でも、お駄賃は私の担当している焼き菓子の売れ行きしだいだから、まだあんまりお小遣いの足しになっていないの」

「それで、なにか聞きたいことがあるのかな？」

「ズバリ、焼き菓子が売れるようにするにはどうしたらいいの？」

〝ふむ〟とジョージはうなずくと、しばらく考えて萌に質問した。

「その焼き菓子はいつもどんなふうに売っているのかな？　以前、僕がお店に行ったときはカゴに入れて売られていたと思うんだけど。値段は商品によって違ったよね？」

「え？　ジョージさん、うちのお店に来たことあるの？」

「もちろん、あるよ。同じ商店街だからね。それに僕は甘党だからケーキが好きでよく食べるんだよ。君のお父さんのケーキ、おいしいからね」

「あ、ありがとうございます。でも、意外！」

「ほんと。甘党だなんて、ちょっとびっくりだね」

あおいも驚いていた。

「ははは、そんなに意外だったかな。まあ、その話は置いておいて。それで、今も売り方は同じかな？」

「そうです。焼き菓子の種類ごとにカゴに入れて選べるようにしてあるの」

「セットにして売っていないのかい？」

「えっと、大と小の贈答用の箱をディスプレイして、〝詰め合わせできます〟って表示してあるよ。この前、初めてたくさん売れたときは、女の人が仕事先の手土産にしたいって注文だったから、20個を化粧箱に詰め合わせできますっておすすめしたの」

ジョージはうなずきながら聞いていた。

「一度にたくさん売るには詰め合わせが適しているけど、ふだんからそういうお客さんが多いのかな？」

「まだ、お店の手伝いを始めたばかりだからよくわからないけど、少ないほうだと思う。うちのお客さんはほとんどがケーキを買いに来る人だから、焼き菓子コーナーはあんまり見ていない人が多い気がするの」

「そうか。じゃあ、もっと焼き菓子を目立たせて、お客さんに注目してもらう売り方を考えたほういいね」

「注目か……」

萌が考え込んでいると、あおいがハッとしたように声を上げた。

「萌！　**セイリアンス**だよ！」

「セイリアンスって……、あ！　ジョージさんがやってるみたいに推してる本を目立たせる方法だったっけ？」

「そう、それ！　だから、焼き菓子コーナーにポップとかつけてみたり、おすすめのキャッチコピーみたいなのを書いてみたりしたらいいんじゃない？」

「二人ともすごいね〜。もう、僕の出番はないんじゃないかな」と、ジョージが笑う。

「そんなことないです。もっとアドバイスしてください」

「それじゃあ、まず一つは〝選択のパラドックス〟だね。前にも説明したことがあるけど、たくさんの種類からどれかを選ぶのは、脳でいろいろと情報を処理しないとならないから面倒に感じやすいんだ。だから、あらかじめおすすめのセットにしておくと、選ぶ負担がないから手に取りやすくなるはずだよ」

「それって、ジョージさんがおすすめの本を〝この作家ならこの3冊〟ってポップに書いてあったやり方ですよね」

あおいは、そのときのやりとりを思い出したようだ。

「そう。あれと同じだね。10種類の中から焼き菓子を選ぶのは意外に面倒に感じるんだ。だから、少ない個数にしぼっておすすめのセットにしてみたらいいと思うよ」

「そうか！　うん、それっていい方法かも！　それで、プチギフトみたいな包装にして〝Thank you〟とか〝Happy Birthday!〟ってカードをつけるのってどうかな？」

ジョージの話を聞くうちに萌はアイデアがわいてきた。

「うん、セイリアンスによるいい方法だね。ほかにもレジ横なんかに置いて、目立たせたり注目させたりすると人は手に取りやすい。それにメッセージをプラスすることで、〝ちょっとしたお礼にいいかも〟とか〝気軽なプレゼントになる〟ってお客さんに気づかせることができるから、買ってもらいやすくなるはずだよ」

「ジョージさん、例えば100円の焼き菓子を三つずつとか、250円の焼き菓子を二つセットにして、300円から500円くらいにしたらどうかな？」

「価格は、数字のキリを悪くすると安く見せることができるんだよ。300円じゃなくて、〝298円〟としたほうが実際の価格以上に安いと感じてもらえる。これを**〝端数価格効果〟**というんだ。現に、安売り自慢のドラッグストアなんかでは多くの値札が端数価格になっているよ」

「へえ、そうなんだ。値段のこともお父さんに相談してみようっと」

ジョージはさらにアイデアを教えてくれた。

「それから焼き菓子にもポップで簡単な説明をつけておくといいよ。僕も甘いものは好きだけど、商品名だけでは味の想像がつかないことがあるんだ。でも、商品のパッケージを読んでなにが入っていて、どんな味がするのか確認するのは手間がいる。だから、パッとひと目でわかるようにしておくと興味を引くし、手に取ってもらいやすくなるんだ。確か、ショーケースのケーキには名前と簡単な説明書きがあったよね。ほら、モンブランには〝和栗を使っています〟みたいに書いてあるのを見たことがあるよ」

「確かに！　ケーキにはつけてあるけど、焼き菓子のカゴには商品名だけだった。じゃあ、〝人気の塩キャラメル味〟とか、〝ナッツたっぷりのザクザク食感〟っていうようにポップに書いておくといいってことだよね？」

「そうそう。萌さん、キャッチコピー上手だね。聞いただけで食べたくなったよ。そういうふうに商品の特徴をわかりやすくしておくといいね」

「はい！　さっそくやってみます！」

萌はたくさんのアイデアを得て、がぜん張り切っていた。

人はなぜか真ん中を選ぶ!?

Keyword 極端回避、おとり効果、不作為バイアス

中間テスト前の1週間、萌は両親からお店の手伝いを禁止された。部活動も休みになり、放課後はあおいが毎日のように萌の家に立ち寄って勉強につき合ってくれた。

テスト範囲が広く、萌は途中で何度もめげそうになった。しかし、あおいが〝ここはちゃんと覚えたほうがいいよ〟とか〝これ、絶対出るから〟と教えてくれたのでとても助かっていた。なにせテストの成績しだいではお小遣いを減らされ、お店の手伝いも禁止される可能性もある。とにかく1学期の期末テストより上の点数を目指すしかなかった。萌の人生でこれほど集中して勉強したのは初めてというほど、真面目に取り組んだ。それもこれも推し活のため、RJのためである。

＊

そして、2日間の日程で中間テストが終わった。

「わーい、やっと終わったねー！　あおい、ほんとにありがとう！　あおいが教えてくれたところがたくさん試験に出て助かったよ」

「ふふふ、よかった。今回は自信がありそうだね。また今日からお店の手伝いをするの？」

「うん。テスト前にジョージさんからアドバイスしてもらったことをやってみたいんだ」

「じゃあ、また近いうちに太宰堂に報告に行こうよ」

二人は太宰堂を訪ねる日を約束すると、バイバイと手を振って別れた。

萌は帰宅すると、すぐに着替えてエプロンと三角巾をつけると階段を駆け下りた。店に続くドアを開け、厨房をのぞく。父親はフルーツでケーキの飾り付けをしている最中だった。手元の細かい作業をしているときにはじゃまをしないようにふだんから言われていたので、声をかけずにレジにいる母親のところへ向かう。お客さんがいないのを見計らって、〝ただいま〟と声をかけ、レジカウンターに入る。

「あら、おかえり。テストはどうだった？」

「うん、まぁ、それなりにがんばったよ」

「そう。前回よりいい点数取れそう？　あおいちゃんにあれだけ勉強を見てもらったんだから期待しちゃうな〜」

「あとは神頼みだよ」と、萌が両手を合わせて祈るポーズをすると母親はあきれて笑った。

「ねえ、お母さん。ラッピング用品の在庫ってどこにしまってあるの？」

「後ろの棚の下のほうに入っているはずよ」

そう言いながら、母親が足元の棚を指さした。萌はしゃがみ込んで戸棚を開け、中をのぞき込んだ。がさごそと目当ての品が入った箱を探す。

「萌、なにを探しているの？」

母親もしゃがみ込んでたずねる。

「焼き菓子が2～3個入るくらいの袋が欲しいの。うちの在庫にあるかな？」

「ああ、それなら少し大きめのほうがいいわね。確かこのへんにあったかも……」

箱をいくつか開けたり閉めたりしながら、母親が探してくれた。

「あったわ。これならどう？　使えるんじゃない？」

そう言って母親が取り出したのは、透明フィルムの袋だ。焼き菓子が3個くらいなら入りそうだ。

「あ！　それ！　ちょうどいいサイズかも。1枚もらってもいい？」

萌は袋を1枚取り出して、焼き菓子のコーナーでクッキーやバームクーヘンを二つ、三つ入れてみた。リボンで袋を閉じて、メッセージ入りのシールを貼れば、プチギフトとして並べてもよさそうだ。

「お母さん、この袋に焼き菓子を2、3個入れてセットで売りたいの。定価のこともある

し、あとでお父さんに話してみてもいい？」
「そうね。まずはお父さんに相談してごらん」
「うん！」

＊

その日の夜、萌は焼き菓子の売り方について父親に話を聞いてもらった。セットにしてプチギフトとして売ること、レジの近くにも焼き菓子を置きたいこと、そして焼き菓子の特徴を書いたポップを飾りたいと願い出た。

「萌、すごくいいアイデアだと思うよ。やってみなさい。お父さんもなにか売り方を考えなくちゃとは思っていたんだけどね。忙しくて、つい先延ばしになっていたから助かるよ。ただ、利益も考えないといけないから、セットにする焼き菓子の種類と定価はお父さんが決めたものにしてくれるかい？」

「うん、もちろん。じゃあ決まったら教えてね。それから、ポップのキャッチコピーは私が自分で考えてつくってみるから、あとで間違っていないか見てくれる？」

「ああ、わかった。出来上がりが楽しみだな～」

「明日からがんばらなくちゃ！　じゃあ、おやすみなさい」

萌はスマホを充電器に戻してから自室に戻っていった。

「それにしても、あの子、焼き菓子の売り方とかポップをつくるとか、一体だれに教わったのかしら？　まさか、あおいちゃんだとは思えないし……」

「ああ、それなら太宰堂のご主人だよ」

「え？　古本屋の太宰堂さん？　どうして？」

「ちょっと前に商店街の集まりがあっただろ。そのとき、太宰堂のご主人から話を聞いたんだ。太宰堂さんには9月の商店街イベントでマジックをやってもらっただろ。それを見ていた萌が、ショーが終わったあとに押しかけてマジックを教えて欲しいと言ったそうだ。その代わりに、萌とあおいちゃんにご主人の仕事のリサーチみたいなことに協力してもらっているんだって」

「マジック？　そういえば500円玉を手に持ってなんだか練習してたわ。で、そのリサーチってなんなの？　怪しい仕事じゃないよね？」

「ははは、違うよ。太宰堂さんが出版社に頼まれた原稿を書くのに中高生の意見が知りたいとかで、ときどき話を聞くことにしたらしい。そのうち、萌が小遣い稼ぎにお店の手伝いをすることになって、それで太宰堂さんにいろいろと教えてもらっているようだよ」

「でも、太宰堂さんって古本屋よね。どうして萌はお小遣い稼ぎのことなんて相談したのかな？」

「太宰堂のご主人、本業は行動経済学とかの学者さんで本を書いているっておっしゃっていたよ」
「そうなの！　それじゃあ萌が迷惑をかけているんじゃないの？　太宰堂さん、怒ってないかしら？」
「いや。ぜんぜんそんな感じじゃなかったよ。ご主人も助かっているとお礼を言われたくらいだし。その後もときどき電話をくださっているから心配ないよ。それに、いつもあおいちゃんが一緒だから大丈夫だろう。お店の手伝いも萌が自分からいろいろと考えて、やってみようと思っているんだから、しばらくは様子を見ることにしよう」
こんなやりとりを両親がしていることなどつゆ知らず、萌は自分の部屋で焼き菓子に添えるポップのキャッチコピーを考えていた。

＊

翌日、学校から帰った萌は作業台で焼き菓子セットの袋にシールを貼る作業を黙々と続けていた。メッセージシールには、〝ありがとう〟と〝Happy Birthday!〟の文字をスタンプで押した。

萌はスタンプしたシールを透明フィルムの袋に貼りつけた。セットにする焼き菓子は父親の指示で、とりあえず3種類から始めることにした。価格は398円で売れ行きがよさそうなら、バリエーションを増やす予定だ。売り場は焼き菓子コーナーだけでなく、レジ近くにもカゴに入れて配置した。

焼き菓子に添えるポップのキャッチコピーを父親にチェックしてもらうと、〝これならどんな商品かがよくわかるね〞とOKをもらった。

萌は持ち前の手先の器用さでポップをハート形や吹き出し風にカットし、シールでかわいらしく飾り付け、商品名の横に目立つように立てた。その出来上がりを見て母親が目を丸くしながら褒めた。

「萌はやっぱり工作が上手ねー。その器用さはお父さん譲(ゆず)りね」

「えへへ。こういうのは得意なんだ」

「これならバッチリお客さんの目を引くわ」

「うん、それが目的だからね。いっぱい売れるといいなぁ」

萌は売れ行きを気にしながら、店番の仕事を手伝っていた。すると、ケーキを買いに来たお客さんが支払いのとき、レジ横の焼き菓子セットに気づいた。

「あら、これちょっとしたお礼に使えるわね」

そう言うと、なんと二つも購入してくれた。ジョージのアドバイスが的中したようだ。そのあともやはりレジ横に置いた焼き菓子セットは一つ、二つと売れていった。萌は売れるたびに心の中でガッツポーズをしていた。

　その日の営業時間が終了し、母親は夕食の支度にキッチンに上がっていった。萌があと片付けをしていると父親がやってきた。

「萌、焼き菓子のセット販売、順調だったね。袋に詰めたり、ポップで飾ったりよくやってくれたね」

　すると父親がお駄賃として2000円を差し出した。

「え⁉　こんなにもらってもいいの？」

　お駄賃をもらえる約束をしていたとはいえ、予想以上の金額に萌は驚いた。

「今日だけご祝儀だよ。袋詰めやポップをつくるのをがんばってくれたからね。お母さんには内緒だよ」と、急に小声になる。

「ありがとう！」

　萌は両手で2000円を受け取り、喜びをかみしめた。そして、〝RJの限定グッズを絶対に手に入れる！〟と、萌は心の中で決意を新たにした。

　しかし翌日以降、萌は再び現実の厳しさを実感することになる。焼き菓子のセットは二つ三つ売れているが、バラ売りのほうはいまいちである。お駄賃も200円ほどにとどまっている。確かに以前よりポップを見て買ってくれる人も増えているが、やはりケーキのついでに1個か2個買ってもらえればいいほうであった。萌は焼き菓子セットの袋詰めをしながら、もっと一度にたくさん売る方法がないか考えていた。

そのとき、20代くらいの女性のお客さんがやってきて、レジにいる母親に声をかけた。

「あの、クッキー缶みたいな詰め合わせのお菓子ってありますか？」

その言葉を聞いて萌がすかさず反応した。

「お客様、お好みの焼き菓子をお箱に詰め合わせにできますが、いかがですか？」

「焼き菓子？　えーっと、どんなものですか？」

萌は焼き菓子コーナーのほうを指さして、〝あちらへどうぞ〟と案内した。後ろのほうで母親がちょっと心配しながらそのやりとりを見守っている。

「焼き菓子はクッキーなど10種類あります。お好きなものを箱に入れることができます」

すると、萌のアピールに対し、客が要望を出した。

「全部で2000円以内にしたいんだけど、できますか？」

萌はあせって〝できます！〟と応えたものの、焼き菓子の値段が種類によって違うので計算ができず、明らかに動揺している。すると母親がやってきて応対を代わってくれた。

「では、クッキーを六つとほかの焼き菓子をお一つずつ入れると1950円になりますが、いかがですか？　いろんなお味が楽しめていいと思いますよ」

「いいですね。じゃあそれでお願いします」

母親は手際よく化粧箱を組み立て焼き菓子を詰めると包装し、あっという間にリボンを

かけた。萌は母親から包みを受け取ると、紙袋に入れてお客さんに手渡した。支払いを済ませると、女性客は〝ありがとう〟と萌に声をかけて出ていった。萌は、頭を下げつつその姿を見送った。

「お母さんってすごいね。ぜんぜんかなわないよ」

萌はため息まじりに言った。

「ふふん、当たり前でしょ。何年やってると思ってるの」

「さすがお母さん。私、焼き菓子の種類で値段が違うから、ああいうふうに注文されるとどうしていいのかわからなくなっちゃった」

「ときどきいらっしゃるのよ。3000円以内でまとめてくれとか、1000円くらいにして欲しいって注文される人。だから、商品の値段を頭に入れておいて、組み合わせを考えておくようにするといいんだよね」

「でも、私、とっさにそういう計算できないよ」

「そうだね……。だったら、自分で計算表をつくっておくとか、わかりやすい組み合わせのパターンを考えてみたらどう？」

「それならお母さんが接客できないときでも私が対応できるかも」

そのとき、萌は思いついた。

「ねえ、お母さん、2000円とか3000円のセットをつくって中身を決めておくのはダメかな？　それなら今日みたいなお客さんにもすぐに出せるから」

「それもいいかも。お父さんに相談してみたら？」

「うん。セットの値段も決めないといけないし。考えてみる」

＊

中間テストから数日後、答案用紙が返された。結果は1学期の期末テストをなんとか上回ることができた。おかげで両親にもお店の手伝いを続けることが許された。ただし、肝心のお小遣いアップに関しては、〝まだ保留よ〟と母親に言われた。そのため、当面はお店の手伝いをがんばってお駄賃を稼ぐしかない。

その日は部活動のあと、あおいと太宰堂に行く約束をしていた。萌が駆け足で昇降口にやってくると、ちょうどあおいが靴を履き替えているところだった。

「あおい、ごめんお待たせ！」

「私も今来たとこだよ。萌、部活とお店の手伝いでたいへんじゃない？　大丈夫？」

「平気だよ。忙しいけどおもしろいし！」

「そう！　楽しそうでよかった」

「ただね、お菓子を売るって思ってたよりむずかしいんだ。最近はどうしたら売れるのか

なって、そればっかり考えてる」

「もしかして、商売に目覚めたとか」

「そうかも。今日はジョージさんにちょっと聞きたいことがあるし、早く行こう！」

太宰堂を訪ねると、ジョージはレジで立ったままパソコンで作業中だった。ちょっとむずかしい顔をしてモニターを見ていたが、二人に気づくとメガネをクイッと上げ、〝いらっしゃい〟と笑顔で迎えてくれた。

「ジョージさん、原稿を執筆中ですか？　今、おじゃましてもいいですか？」

あおいが声をかける。

「ああ、大丈夫だよ。原稿の下書きみたいなものだよ。忘れないようにメモしておいただけだから。萌さん、お店の手伝いは順調かい？」

「ジョージさんのアドバイスのおかげで、前より焼き菓子が売れるようになったんだよ」

「それはよかったね。お小遣いも貯まってきたんじゃないかな？」

「ぼちぼちですわ」と、萌がおどけて答えるとジョージが笑った。

萌は先日のお客さんとのやりとりをジョージに話した。2000円分の注文にうまく対処できずに母親に助けてもらったことや、プチギフトよりも個数の多い焼き菓子の詰め合わせを考えていることを聞いてもらった。

すると、ジョージは〝ちょっと待ってて〟とレジのほうに小走りで向かい、3冊の本を手に戻ってきた。そして、テーブルに本を並べた。3冊とも歴史の同じ本だが、本の状態が随分違っていた。左側の本は、かなり汚れやシミがついている。右側の本はほぼ新品に見えるほど状態がよい。そして、真ん中の本はややくたびれた感じはあるが、いわゆる古本としてはよく見かける程度の状態だ。

「左側の本の値段は100円、そして右側が500円。真ん中のが200円だよ。さあ、この中から君たちはどの本を選ぶ？」

萌とあおいは顔を見合わせて、二人とも真ん中の本を指さした。それを見て、ジョージがニンマリと笑う。

「うん、想像通りだね。これは〝**極端回避**〟による選択だよ」

ジョージは説明しながら、いつものようにメモ用紙に〝極端回避〟という文字を書いて見せてくれた。萌とあおいはそのメモをのぞき込む。

「例えば、鰻(うなぎ)屋さんとかお寿司屋さんで〝松・竹・梅〟という値段の設定があるときや、1000円・2000円・5000円というような設定金額の場合、人は真ん中の値段を選ぶ傾向がある。極端に高い値段や安い値段のものは避けたがるということだよ」

「うん、確かにそう思った。右側の本は安いけどあまりにも汚いし、でも新品の本を選ぶほど興味もないから、そうなると真ん中かなって思ったの。あおいもそうでしょ？」

「そう。同じ理由だよ」

「これが萌さんの大好きな推しグッズなら関心が高いから選択に影響するけど、関心の薄い歴史本だと値段に注目して判断するよね。そうなると、たいていは、いちばん高い500円の本を買う気にはならない。そして、200円と100円では大して差がないと感じると、今度は本の状態が気になる。汚れた本は買いたくないから、少しでも見映えのする200円のものを選ぶんだ。こんなふうに選択されないような割高の商品をわざと見せることで、選んで欲しい商品の価格を割安に感じさせることができるんだよ」

「へー、おもしろい！」

萌とあおいが同時に声を上げる。

「これを〝**おとり効果**〟というんだよ。〝ヒューリスティクス〟を用いた思考の影響の一つだよ。人は、目の前の情報や思い出しやすい記憶だけを頼ってパッと判断したり分析したりする傾向があるからね。それで、直前に見せられた数字や記憶に残った情報に判断が左右されてしまいやすいんだ。この場合は500円の本をおとりに使ったんだよ」

「ジョージさん、この方法使えそうです！」

萌がなにかに気づいたようだ。

「わかったようだね。価格設定の参考になると思うよ」

ジョージが親指を立ててうなずく。

「はい！　つまり、焼き菓子の詰め合わせの値段におとり効果を使えばいいってことだよね？　えーっと……５０００円、２０００円、１０００円の三つを用意しておけば、多くのお客さんは２０００円を選びやすいってことでしょ？」

「そうだよ。真ん中の値段が選ばれやすくなるんだ。萌さん、最近すごく理解力が上がったね」

「え、そんなことないよ〜」

萌は柄にもなく照れているが、まんざらでもなさそうだ。

「萌、本当にすごいよ。私も負けないでもっと勉強しよう。ねえ、ジョージさん、〝極端回避〟ってほかにどんなときに起こりやすいんですか？」

「お、あおいさんも相変わらずいい質問だね。極端回避を引き起こす要因として、**〝不作為バイアス〟**があるよ」

「あ！　また出たな、バイアス！」と、萌が反応する。

「ははは、そうだね。バイアスにはいろいろあるから。〝不作為バイアス〟というのは、なにかを選択するとき、〝行動すること〟より も〝行動しないこと〟のほうが受け入れられやすいときに起こる心理状態だよ。例えば、初めて行ったカレー屋さんで辛さを10段階から選ぶとき、そもそものお店のカレーがどれくらい辛いのかわからないよね。判断基準がないから極端なものを選ぶのは不安だよね。すごく辛かったら食べられないってこともあるし。だから極端を避けるようになる。すると、初期設定から大きく外れた〝激辛〟

みたいな選択はしないで、〝初心者におすすめ〟みたいに無難なものを選ぶんだ。お店の側もこうしたお客さんの心理を見越して、おすすめメニューを提示しているんだけどね」
「そうか。うちに初めて来たお客さんもいきなり高い詰め合わせは選ばないよね」
「そういうふうに考えて詰め合わせの価格を決めるといいかもしれないね」
「はい、そうします！」

価格表示で〝お得感〟が出る不思議

Keyword アンカリング

「君たち、時間があるならもう少し説明を付け加えたいんだけど、どうかな？」

「私は大丈夫だけど、萌、どうする？」

「私も聞きたい！　ジョージさん、お願いします」

「ありがとう。じゃあ、続けようか。さっき〝おとり効果〟の説明をしたよね。このおとり効果は、**〝アンカリング〟**の代表例とも言えるものなんだ。これについて補足しておこう。アンカリングは、なにかを考えるとき、目についた情報をなんでもかんでも参照してしまうヒューリスティクスのことなんだ。例えば元の値段を表示して、その値段を基準に値引きした金額を表示することで、見た人に〝お得だ〟と感じてもらうように使われたりする。元値よりも値引きされている表示を見ると、安くなっていることが目で見てすぐわかるよね」

ジョージは、メモ用紙に〝~~300~~円→200円〟というように数字を横線で消して二人に見せた。

「確かに、こんなふうに表示されていると、値引きされているのがわかるから、つい買っちゃったりするよね」

それを見て萌とあおいがうなずき合っている。

「常識的に考えれば値引きの値段に関係なく、その商品に本当に200円の価値があるかどうかで判断すればいいはずなのに、値引きされたことでお得だと感じて買ってしまうんだ」

「確かに。割引されていると、それに引きずられるよね。私、洋服を買うとき、そういう目で見ているかも」

「今度、スーパーやコンビニに行ったとき、価格表示をよく見てごらん。本来、〝税込価格〟を表示することが義務付けられているんだけど、実際には〝税抜価格〟のほうが大きな文字で表示されていることがあるはずだよ。税抜の金額のほうが安く見えるからね」

「へえ、そうなんだ！　あおい、帰りにちょっと見に行ってみようよ！」

「うん！」

「じゃあ、そろそろ終わりにしようか。最近は暗くなるのが早くなったから、気をつけて帰るんだよ」

「はい、ありがとうございました」
店の外に出ると、ジョージの言ったように日が暮れて薄暗くなっていた。
あおいと別れ、萌は足早に家路についた。玄関のドアに手をかけたとき、郵便受けから
チラシが1枚飛び出しているのに気づいた。宅配ピザ屋さんのチラシかなと思いつつ、萌
は郵便受けを開けるとチラシを取り出した。
そのとき、萌の目に〝スイーツ・プリンス　あじさい町店オープン！〟の文字が飛び込
んできた。チラシに印刷されている王冠をかたどったピンク色のロゴにも見覚えがある。
「え？　あのスイプリがオープンするの!?　たいへんだ！」
萌はそのチラシを握りしめると、父親に早くこのチラシを見せなくてはと大急ぎで階段
を駆け上がった。同業の洋菓子屋さん、しかも大手チェーン店のオープンは萌の父親の洋
菓子店にとって影響が大きいはずだ。萌は、不安の影がむくむくと大きくふくらむのを感
じていた。

街中にあふれている

セイリアンス（顕著性）

行動経済学では、人の注意や関心を強く引く要素のことを「セイリアンス」という。人はセイリアンスに重点を置いて判断するため、目立たない要素は軽視されてしまう。街の中は、広告やデザイン、ディスプレイなど、人の目を引くためのセイリアンスにあふれている。

ケース①

目立つものに意識が奪われる

「7億円」という数字に注目が集まり、購入の意思決定が行われやすい。当選確率の情報は見過ごされやすい。

ジャンボ宝くじ
1等7億円

目立たない情報には
関心がいかない

当選確率
0.000005%
=
1億人に5人

ケース②

「10 億円」が目立ち、リスクを避けたくなる

0.00001%の確率で 10億円支払う	<	必ず100円 支払う

どちらが選ばれやすい?

0.00001％の確率＝1,000万分の1の確率だが、10億円を支払う可能性があるということだけに意識が向くため、リスクを避けるために100円支払うほうが選ばれやすい。

ケース③

同じ価格なのに印象が変わる

980円（税抜） 1,078円（税込）	>	1,078円（税込）

どちらが選ばれやすい?

同じ価格でも税抜の金額が大きく表示されていると、そちらに目がいく。直感的に安く見えるほうを選んでしまう。

ケース④

ポップ広告・おすすめ表示に背中を押される

選択を迷っているときは「おすすめ」の表示や、感想が書かれたポップ広告などに意識がいき、購入するケースが多い。

アンカリング

目の前の情報や頭の中にある情報がアンカー（先行する数値）となって、判断・分析する情報が左右される傾向を指す。例1：値引き前の価格を表示することで値引き後の価格が安く見える。例2：アフリカの国連加盟国数を推定する前に、身長や体重などを聞かれると、その数値に回答が左右されやすい。

うな重
特上
6,000円

おとり効果

アンカリングによって起こる代表的な心理。「特上」の値段を見ることで、「上」や「並」が安く感じられる。

極端回避

3段階の選択肢がある場合、人は極端に高い値段や、安い値段を避け、真ん中を選ぶ心理。「特上」「上」「並」であれば、「上」を選ぶ人が多い。

不作為バイアス

バイアス（→P226）の一つ。“行動すること”よりも“行動しないこと”のほうが受け入れられやすいという心理。例：手を挙げて正解を答えるよりも、間違えるほうが嫌だと考えて、手を挙げないことを選ぶ。

4章

人気店には
どんな秘密がある?

萌ピンチ⁉　ライバル店現る

「お父さん、たいへんだよ！　近くにスイプリがオープンするんだって！」

萌はリビングに駆け込むなり大声を上げる。

スイーツ・プリンスは大手の全国チェーン店で県内でもすでに数店舗を展開している。SNSで話題になるスイーツも多く、萌とあおいもハッシュタグ付きのスイーツの写真を何度も見たことがあるし、友だちからどのスイーツがおいしいとか、〝映える〟などとうわさ話を聞くこともよくある。

「萌、ただいまは？　こんな時間までどこに行ってたの？」

〝まったくもう〟と母親から小言をもらうが、萌はそれどころではない。リビングのソファでのんびりとテレビのリモコンをいじっている父親の姿を見つけると、チラシを手にドスドスと足音を立てて近づいた。

「お父さん、のんきにテレビ観てる場合じゃないよ。ほら、これ！　あのスイプリがオープンするってチラシが入ってたよ！」

萌はチラシを父親の目の前に突き出した。すると、父親はさほどあわてる様子もなく、

こう言った。

「ああ、そのことは知っているよ。商店街の会合で前に連絡をもらっていたからね」

「え、そうなの!?　でも、同じ洋菓子屋さんだよ？　うちの売り上げに影響するかもしれないよ？　心配じゃないの？」

「心配だけど、自分たちの店でできることをやるしかないだろ？　それにスイーツ・プリンスの店舗は国道沿いだから、商店街からは少し距離があるしね。ふだん歩いて商店街で買い物をしているこの界隈の人たちが全部流れてしまうとは思えないからね」

「そうだといいけど……」

父親からの説明を聞いても、萌の不安はぬぐえない。

「でも、自転車なら行ける距離だよ。それにほら、駐車場完備って書いてあるから、車で行っちゃう人がたくさんいるかもしれないよ？」

「うん、そうだね。それに大手のチェーン店だから知名度もあるし宣伝も上手だよ。価格だって安いだろう。うちのお客さんが減ってしまうかもしれないね」

「だったら、なんとかしなくちゃ……」

父親が妙に落ち着いているせいで、萌はかえってあせってしまう。

「お店のことはお父さんだってちゃんと考えているから、萌が一人でヤキモキしたってしかたないでしょ。ほら、手を洗ってきなさい。もうすぐ夕飯よ」

母親が見かねて割って入る。

「萌、最近お店の手伝いをしてくれるようになったから、いろいろ考えてくれたんだよね。ありがとう。でも、お父さんたちもきちんと考えているから、心配しないで夕飯食べよう」

父親にそう言われると、萌は言い返せなかった。

「うん、わかった。手を洗ってくる」

夕食を済ませて部屋に戻った萌は、またスイプリ出店のことを考えていた。さっきの口ぶりからして、父親はずいぶん前からオープンのことを知っていたようだ。多分、母親もそうだろう。そして、萌はあることに気づいた。

そういえば、9月ごろから父親は店の営業時間後も厨房やダイニングでなにやらノートを見ながら考え込んでいた。あのときは、またいつものように売り上げのことを考えているのだろうと思った。しかし、もしかしたら、そのころからスイプリ出店のことで父親は悩んでいたのかもしれない。うちの店が受けるダメージを考えていたのだとしたら、あの父の様子と辻褄が合う。

とはいえ両親の言うように、萌が一人で騒いだところでどうにかできる問題でもない。それでも、お店の手伝いをして〝お駄賃をちょうだいね〟などと能天気なことを言っていい状況ではないと思い、憂うつな気分になっていた。

＊

翌朝、いつもより少し早く起きた萌は顔を洗って制服に着替えた。鏡を見て両手で頬をピシッとたたいて気合を入れ、ダイニングに向かう。

〝おはよう〟と声をかけると、食パンをトースターにセットしてから席についた。

「あら、めずらしい。いつもより早くない？」

「うん、ちょっと決意表明しようと思って」

大きく息を吸い込むと、萌は話し始めた。

「お父さん。最近、帳簿を見て売り上げのことで悩んでいたのに、気づかなくてごめんなさい。でも、スイプリがオープンしてもうちのお店は大丈夫だよ。私がお店の手伝いをもっとがんばって売り上げをアップさせる。それまではお駄賃ちょうだいとか、もう言わないから、みんなでがんばろうよ！」

いきなりの宣言に両親は面食らっていた。〝帳簿を見て悩んでいた〟と言われたものの、一体なんのことだか見当もつかない。しばし沈黙のあと、父親が怪訝な顔で問う。

「萌、その〝帳簿〟っていうのはどれのことだ？」

「お父さん、ときどきカバー付きのノートを見ながら考え込んでいたじゃない。仕事が終わったあとも厨房でむずかしい顔でノートとにらめっこしてたよね。あれってお店の売り上げの帳簿なんじゃないの？　スイプリがオープンすること、ずっと前から知っていたから、それで売り上げが悪くなったらどうしようって悩んでいたんでしょ？」

それまで黙って聞いていた母親が突然吹き出した。父親も娘の勘違いに気づいた。

「え、なに⁉　人が真剣に話しているのになんで笑うの？」

萌が母親に猛抗議する。

「ごめん、ごめん。でもね、萌、そのノートって帳簿じゃないわよ。あれはお父さんのレシピノート。ハロウィンとクリスマスの新作のケーキを考えていただけよ」

母親が笑いながら説明する。父親は、にっこり微笑むと話し始めた。

「萌、心配してくれたんだよね。もちろん、スイーツ・プリンスがオープンするのは気になることではあるけど、今のところ、うちの店の経営は問題ないよ。だから、萌は心配しなくてもいいんだよ」

両親からそう言われて、萌はポカンとしている。しばし考えると、自分が勘違いをしたあげく、ずいぶんと先走っていたことに気づいた。

「じゃあ、あの……お店のお手伝いのお駄賃をもらってもいいの……？」

「萌がいらないって言うなら、そうするけど」

母親がわざと意地悪に言う。

「いる！　欲しいです。お駄賃ください!!」

萌が即答する。あまりの素早さに母親が苦笑する。

「これまで通りお店の手伝いをしてくれたら、その分はちゃんとお駄賃もあげるよ」

父親にそう言われて、萌はホッとした。

「うん、ありがとう……」

そう言いつつ、萌は頬が赤くなるのを感じた。早とちりした恥ずかしさをごまかすようにトーストにバターをガシガシ塗（ぬ）ると、大きな口を開けてかぶりついた。

ライバル店を偵察。人気の理由を探る

その日の昼休み、萌は今朝の顛末をあおいに報告していた。話を聞いていたあおいが途中からクスクス笑い出す。

「あおい、そんなに笑わなくても……。朝からめちゃくちゃ恥ずかしかったんだから」

「ごめん。だって、萌らしいなぁって思ったの」

「私らしいってなに？　早とちりでそそっかしいってこと？」

「まぁ、それもあるけど。行動力抜群だよね。こうと決めたらすぐに動き出すの。すごいと思うよ」

「そうかな。私、あおいみたいに落ち着いて考えるキャラになりたいよ」

「ふふふ、それはさておき。お手伝いは続けるんでしょ？」

「もちろん。だって、ＲＪのクリスマス限定グッズを手に入れるには、お駄賃もらってお小遣いを貯めるしか方法がないもん」

「そうだよね。じゃあ、ちょっと私から提案があるんだけど」

「なに？　おもしろいこと？」

「うん。スイプリがオープンしたら二人で偵察(ていさつ)に行ってみない？　売り上げアップにつながるヒントがわかるかもしれないよ」

「それいいアイデア！　さすが、あおい！　うん、行こう！」

「今度の週末はどうかな？」

「よし、のった！」

＊

土曜日、萌は両親に午後からはお店の手伝いを休ませて欲しいと伝え、午前中だけ店番を手伝った。

母親がテーブルに用意しておいた昼食をパパッと済ませると、出かける支度を始めた。

気合を入れるため、お気に入りのラベンダー色のボーダーシャツに着替え、待ち合わせ場所に向かった。

あおいと落ち合うと、二人はスイーツ・プリンス　あじさい町店を目指した。予想では自転車でのんびり漕いで20分くらいの距離だ。

国道に沿ってしばらく自転車を走らせ、店の前に到着すると二人は建物を見上げた。

広い敷地にゆったりと構えた店舗は天井が高く、白を基調にしたシンプルなつくりだ。

〝Sweets Prince〟のロゴと王子様のシルエットが描かれたピンク色の真新しい看板はピカピカでまぶしい。

敷地内には駐車場も設けられており、すでに何台も車がとまっている。やはりオープン直後の週末のせいか、混雑しているようだ。

萌たちと同じように自転車で乗りつけている中高生の姿もちらほら見える。

二人は店舗横の駐輪場に自転車をとめ、店の正面入り口にやってきた。

入り口ではスイプリのロゴが描かれた風船を配っている。小さな子どもに店員さんがふわふわと浮かび風に揺れる風船のヒモを握らせていた。自動ドア越しに見ても店内の混雑ぶりがうかがえる。

萌とあおいは顔を見合わせると、店内へ足を踏み入れた。二人はまず店内をひと通り見て回ることにした。

一番気になっているのは、もちろんケーキ売り場だ。萌の父親の店、ベル洋菓子店とは桁違い（けたちが）のロングサイズのショーケースにケーキがずらりと並んでいる。

数の多さに萌が圧倒されていると、いつの間にかあおいが種類を数え、こっそりと〝全部で30種類あるよ〟と教えてくれた。

その数にびっくりしつつ、萌は気を取り直すとケーキの値段をチェックする。

工場で大量生産しているため、父親の店よりもかなり安価だ。大手のチェーン店と値段を比べるのは無理があるとわかっていても、萌は少なからず衝撃を受けた。

次にケーキの種類を見ていくことにした。定番のいちごのショートケーキやチョコレートケーキ、シュークリーム、チーズケーキのほかに、季節のケーキも並んでいる。

〝今だけ！〟と描かれた小さなポップが添えられたブドウやマスカットのケーキ、ゼリーなどは季節限定品のようだ。

「どれもうちの店より安いよね。それに種類もすごく多い。かなわないなぁ……」

萌がポツリとつぶやく。すると、あおいが萌に耳打ちした。

「私、前にスイプリのケーキを食べたことがあるけど、叔父さんのケーキのほうが断然おいしいよ。シュークリームだって、私は叔父さんのつくる生地（きじ）がカリッカリのクッキーシュークリームのほうが好きだよ」

あおいの言葉に萌は励まされた。

「あおい、ありがと。元気出た。よし、ガッツリ偵察しなくちゃ！」

改めてケーキのショーケースを観察してみると、2か所あるレジのそれぞれ近いほうのケースにはパンプキンパイやパンプキンプリン、モンブランなど、ジャック・オー・ランタン※のケーキピックで飾られた商品がずらりと並びひときわ目を引いている。

「あおい、このカボチャの飾りって、ハロウィンを意識したセイリアンスだよね」

萌があおいの耳元でささやく。

「うん、そうだね。いちおしの商品だっていうことがよくわかるね」

もう少し見ていたかったが、徐々に人混みに押されそうになったため、二人はケーキ売り場を離れることにした。周りを見回すと、やはり店内にはほかにもハロウィンを意識した飾り付けがなされている。

大量に積み上げられたお菓子のパッケージは、ハロウィン仕様でどれも凝っている。黒いとんがり帽子をかぶった白いお化けやガイコツのキャラクター、リボンを首につけた黒猫が描かれたパッケージは、萌たちもつい手に取ってしまうほどかわいい。詰め合わせの袋の口は、カボチャのチャーム付きのリボンで留められていた。

萌は、〝帰ったらうちもハロウィンの飾り付けをすること〟と心にメモをした。

二人は、入店したときから気になっていたイートインコーナーへ移動した。丸椅子と小さなテーブルが並んでおり、ジュースやコーヒーなどのソフトドリンクが売られている。

※ハロウィンのシンボルとして知られるランタン。カボチャの身をくり抜いてつくられたものが一般的。

セルフサービスで、購入した飲み物やお菓子をここに座って食べられるようになっているのだ。店内の入り口近くに位置し、今は大勢の客であふれている。

その理由は、萌とあおいもよくわかっている。SNSで話題の〝映え〟スイーツ、〝キラキラソフト〟目当ての客が多いのだ。

キラキラソフトは透明なカップに水色やピンク色など色とりどりのクラッシュゼリー入りのソーダが注がれ、季節のフルーツ味のソフトクリームがトッピングされている。ソフトクリームには地域限定のフレーバーもあるため、ハッシュタグがつけられた写真がSNSにしばしば投稿されている。今の季節はブドウと梨、2種類のソフトクリームが登場したばかりで、これまた人気を集めている。

萌とあおいはもちろん食べることにした。自転車を漕いできたうえ、歩き回ってのども渇いたし、おなかもちょっとすいてきた。お小遣いの残高を考えると480円というキラキラソフトの値段は安くはないが、〝これも大事なリサーチだよね〟と二人はうなずき合うと、列に並んで順番を待つことにする。

行列の最後尾を探して移動すると、すでに店の出入り口付近まで列ができている。二人が並んだあとも、さらにどんどん行列がのびていく。

「すごいね。このままだとお店の外まで並びそうだね」

萌があおいに耳打ちすると、あおいも目を丸くしてうなずいた。かなり待たされると覚悟したが、思ったよりもスムーズに列が進んでいく。15分ほど待って二人はキラキラソフトを無事に購入できた。

萌は梨、あおいはブドウのキラキラソフトを選んだ。会計のときにスタンプカードをもらった。キラキラソフトを一つ買うたびに、スタンプがもらえるとある。そして、スタンプを10個集めるとシュークリームかアップルパイを1個無料でプレゼントと書いてあった。

イートインには空いている座席がなかったので、外で食べることにした。店の外では二人と同じようにキラキラソフトのカップを手にした客が大勢いる。

「あおい、そっちのブドウ味のソフトもちょっと食べたい」

「うん、いいよ。私にも梨味ちょうだい」

二人はそれぞれのスプーンでソフトクリームをすくってひと口食べた。そのあとで写真を撮り忘れたことに気づき、あわててスマホを取り出すと記念に撮っておいた。

「ふふふ、私たちって、〝映え〟より食い気が勝ってるよね」

あおいが笑いながら言う。

「みんなよくあんなにしょっちゅう写真撮るよね。私なんて、おいしそうなものが目の前にあったらすぐに口に入れちゃうよ」

周りを見ると、やはり写真を撮ってすぐに投稿している人もいる。

「こうやってお客さんが宣伝してくれるって大きいよね」

「そうだね。これも行動経済学でなにか説明できるのかな……。ねえ、このあとジョージさんに聞きに行ってみようよ」

あおいの提案に萌も賛成した。キラキラソフトを食べ終わった二人は、もう一度店内をチェックしてから帰ることにした。

人を惹きつける魅力がいっぱい

Keyword
同調効果、社会規範、サンクコストバイアス、ハロー効果、目標勾配効果

スイーツ・プリンスをあとにした萌とあおいは再び自転車を走らせて商店街に戻ってくると、そのまま太宰堂へ向かった。

店の前の歩道にじゃまにならないように自転車をとめ、二人は店内の様子をうかがいながら〝こんにちは〟と控えめに声をかけた。

本棚の陰に隠れていたジョージがひょっこり顔を出した。

「やあ、いらっしゃい」

「あ、ジョージさん！　おじゃまじゃないですか？」

「大丈夫だよ。それより……二人はスイプリに行ってきたんじゃないの？」

「どうしてわかるんですか？」

「これもマジック、なんてね。君たちはずいぶんライバル店のことを気にしていたからね」

実はジョージも昨日のうちにスイーツ・プリンスを訪れていた。

甘党なので、どんなケーキやお菓子があるのか興味もあったが、おそらく萌とあおいがスイプリの開店を気にして行動するはずだと予測し、自分も見ておこうと思ったのだ。

早めに行っておいて正解だったとジョージは安堵した。

「ついさっきまで店内を見て回っていたの。オープンしたばかりだから、すごい混雑でちょっと疲れちゃった」

「今日はオープンして最初の週末だからね。きっと大勢の人が押しかけたんだろう」

「うちのお店もあれくらいお客さんが多いと、売り上げも増えるんだろうなぁ」

萌がうらやましそうに、半ば悔しそうにぼやく。

「でもあの混雑は一時的なものだよ、きっと。オープン直後だから。それより、ジョージさんから行動経済学のお話をいろいろ聞いていたおかげで、スイプリの店内を見て気づいたことが結構あるんですよ」

あおいはジョージに話したくてうずうずしているようだ。

「へえ、どんなこと？」

ジョージに促されて二人が話し始めた。

「最初に気づいたのが、ハロウィンのための商品が目立つようにしてあったことです。萌もセイリアンスだって気づいていたよね」

「うん。パンプキンパイにはハロウィンのために飾り付けがしてあったし、クッキーとかチョコレートの詰め合わせもカゴに山盛りだった。とにかくハロウィン用のお菓子コーナーがすごく目立っていたよね。小さい子に配ってあげるお菓子にもぴったりだし、うちのお店でもやらなくちゃって思ったもん」

「おすすめのケーキがレジのすぐ近くのショーケースに並んでたのも、きっとお会計をするお客さんにおすすめを提案しやすいし、とにかく目立つからだよね」

「そう！　あの場所なら支払いのときにお客さんの目につくし、すすめやすいんだよね。あおい、さすがだね」

ジョージは二人の報告をニコニコ微笑みながら聞いている。

「〝損失回避〟の心理を働かせる仕掛けもあったよね」

萌が得意げに報告する。

「どんな仕掛けだったの？」

「〝ハロウィン限定！〟とか〝今しか味わえないブドウのジュレ〟っていうコピーがあったの。これって、私がＲＪの期間限定グッズが欲しいって思ったのと同じでしょ。手に入

らないのが嫌だとか、今、買わないと損するかもって思わせるようなキャッチコピーを見てピンときたよ」

ジョージがうなずいていると、あおいが続けて発言する。

「それから、この前ジョージさんが教えてくれた〝アンカリング〟もありました。〝通常1280円が今だけ980円〟っていう表示を見つけたんです。これは値引き前の値段を見せることで、安くお得になっているって思わせるのが目的でしたよね」

「そうだね。オープンしたばかりだからサービス価格で提供することにしたのかもしれないね。それにしても二人ともよく観察してきたね」

「今まではそんなふうにお店の中を見て回ったことがないから、とってもおもしろかったです」

あおいは、これまでジョージに教わったことの答え合わせができたような気がしていた。

「でも、うちのお店との一番の違いはあのすごい行列かな。キラキラソフトが人気なのはわかっていたけど、それ目当てのお客さんが多かったんだよね。でもさ、すごく長い行列だと順番待ちがたいへんなのに、なぜか興味がわいてくるよねー」

「萌さん、いいところに気がついたね」

「もしかして、これも行動経済学で説明できるんですか？」

あおいは早くも興味津々である。

「そうだよ。人は行列にたくさんの人が並んでいると、つられて並ぶ傾向がある。興味を引かれるんだね。これは〝**同調効果**〟によるものだよ」

そう言って、ジョージはいつものようにメモ用紙に〝同調効果〟と書いて二人に見せながら説明を始めた。

「同調効果とは、自分の考えや行動を周囲の人たちに合わせようとする傾向のことだよ。自分の判断にあまり自信が持てないとき、周囲の人たちがどう考えて行動しているかを基準にすると、楽に判断できるよね。行列ができているということは〝それほどまでして食べたいくらいおいしいのかも〟って考えさせることにつながる。その結果、人が並んでいたら、自分も加わってみようと思うんだよ」

「だから並んじゃうんだね」

「そうだよ。それともう一つは、君たちにはもうお馴染みのセイリアンスとも関連している。そもそもたくさんの人が並んでいると目につくよね。こういう目立つものに人は吸い寄せられるのさ」

「うん！　わかるー」

「確かに行列があるとつい目がいきますね。そういえば、行列を誘導するロープだけじゃなくて、座って待てるようにお店の外には椅子も何脚か置いてあったのを思い出しました。あれは行列する人がいるってスイプリが見越しているってことですよね？」

「あおいさんの観察眼もすごいなぁ。店側としては行列をスムーズにさばきたいのもあるけど、やっぱり行列ができることは宣伝になるとわかっているからね。そして、行列ができる現象にはもう一つの要因もある」

「え、なんですか？」

あおいが身を乗り出す。

「それは、〝**社会規範**〟だよ。いわば暗黙のルールみたいなものかな。周囲の人と違う考え方や行動を選択するのは心理的コスト、つまり心理的な負担やストレスがかかる。人と違うことってなかなか選びづらいものだよね。その結果、〝みんながやっている流行に乗り遅れたくない〟というプレッシャーみたいなものが働いて行動を合わせようとするんだ」

「あー、それもすごく納得いく！」

萌とあおいは大いにうなずいた。

「学校でも部活でもそういうことがしょっちゅうあります」

あおいがちょっとうんざりしたようにつぶやいた。

「そうだね。学生のうちは特に、周囲から浮いてしまうことが怖いって思うものだからね」

「でもさ、行列に並んでいてもあんまり待ち時間が長いと途中で諦めて帰りたくならないのかな？　私だったら途中でやめちゃうかもしれないなぁ」

萌は以前ＲＪのグッズの整理券をもらうために長時間並んだことがあった。それは大切な〝推し〟のためだからこそ長い待ち時間にも耐えられたのだが、正直なところ並んでいてつらかったのも事実だ。そのことがあって疑問に思ったのだ。

「萌さん、それも行動経済学で説明できるんだよ」

「そうなの？」

「それは**〝サンクコストバイアス〟**とか**〝サンクコスト効果〟**によるものだよ」

　ジョージはメモ用紙に用語を書いて見せてくれた。萌とあおいは〝またバイアスだ〟と同時につぶやいた。

「サンクコストバイアスの〝サンクコスト〟とは、すでに費やしたけれど回収することができないお金や資金、時間、労力のことだよ。日本語では〝埋没（まいぼつ）費用〟というんだ」

　ジョージはメモ用紙のサンクコストの横に〝埋没費用〟と書いてイコールで示した。

「このサンクコストはどう行動しても回収できないわけだから、合理的に考えれば将来に向けてなにかを判断するときには考慮する必要はない。だって、どうしたって戻ってこないわけだからね。しかし一方で、人は自分が注（つ）ぎ込んだ資金や時間、コストを無視することなんてできない。だから、そのせいで判断をゆがめられたり、誤ったりしてしまうことがある。これがサンクコストバイアスだよ」

「それと行列がどう関係あるの？」

「行列に並んだ時間も労力もあとから回収することはできないよね。合理的に考えて、並んでまで欲しいものでなければ途中で並ぶのをやめる決断をしてもいいはずなのに、多くの人はここまでがまんして並んだことが無駄になってしまうと考える。そしてこのサンクコストを無視できず、並び続けるという選択をすることになるんだよ」

「わかる気がします。ジョージさん、それってもしかして〝損失回避〟が影響しているんですか？」

あおいが質問する。

「そう！　その注ぎ込んだコストによって損失が確定することを避けたい、損をするのが嫌だと思う気持ちが原因になっているんだよ」

「でも、結局は損をすることもあるんですよね？」

「そうだね。よくゲームのガチャで課金してしまう人が大金を注ぎ込んだのに途中でやめられなくて、損失を増やすだけという悪いパターンに陥るのもそのせいだよ」

「うわっ、こわっ。私、ＲＪのためでもガチャとかに課金するのだけは絶対にやめよう」

萌が大げさに体をブルブルさせながら自分に言い聞かせた。

「萌、大丈夫だよ。私がちゃんと止めてあげるから」

そのとき来店を知らせるチャイムが鳴ったため、ジョージは〝ちょっと失礼するよ〟と、レジカウンターに戻っていった。

しばらく待っていると、接客を終えたジョージが戻ってきた。〝のどが渇いただろう〟

と、ペットボトルの水を2本持ってきてくれた。二人はお礼を言って、遠慮なく水を飲んだ。そして、あおいは気になっていたことをジョージに質問した。

「私たち、さっきスイプリの一番人気のキラキラソフトを食べてきたんですけど、周りに写真を撮ってSNSに投稿している人たちがたくさんいたんです。これも行動経済学でなにか説明ができるのかなって思ったんですけど……」

「あれってお客さんが商品を宣伝してくれることになるんでしょ？」

萌も続けて質問した。

二人の話をうなずきながら聞いていたジョージは、メモ用紙に説明する用語を書いて見せると解説を始めた。メモには、さきほどの〝同調効果〟と〝社会規範〟に加えて新たに**〝ハロー効果〟**とある。

「そのキラキラソフトは、どうしてそんなに人気があるのかな？」

「見た目が華やかで〝映える〟っていうのもあるし、ソフトクリームの味が全部で7種類あるからそれを全部食べるとか、あとは季節ごとの限定品とか地域限定のソフトクリームもあるから、写真を撮ってハッシュタグをつけて投稿するってパターンが多いんです。有名アイドルが始めてから流行しているみたいで。まあ、自慢というか、承認欲求なのかわかりませんけど……」

「なるほどね。それによって〝いいね〟をもらうってことだね？」

「そうそう。友だちの中にはよく写真をアップしている子もいるし、フォロワーの写真を見たらいちいち〝いいね〟を押したりしないといけないから面倒っていう子もいるよ。ま、うちは母親がスマホチェックするからそういう投稿は禁止なんだけどね」

「ご両親の心配もよくわかるよ。それはさておき、SNSへの写真の投稿についてだけど、これもさっき話した〝同調効果〟と〝社会規範〟が関係していると考えられるよ。〝みんながやっている流行に乗り遅れたくない〟ってことだね。そういうプレッシャーがあれば、人はみんなと行動を合わせようとするものだよ。キラキラソフトを全種類コンプリートするとか、そういうことが自分の周りで流行しているのなら、そのことが社会規範として同調する圧力がかかってくるから、自分もがんばってコンプリートしようとする人が多いんだよ」

「やっぱりそういうことかー」

萌は合点がいったようだ。

「それからもう一つ考えられるのが〝ハロー効果〟だね。この場合の〝ハロー〟はこんにちはという意味じゃなくて、h・a・l・oのほうだよ」

ジョージが単語のスペルをメモ用紙に書くと、二人は頭をつき合わせてのぞき込む。

「こっちの〝halo〟は、後光（ごこう）とか光背（こうはい）っていう意味だ。ほら、よく〝後光がまぶしい〟とか〝後光がさして見える〟なんて言ったりするよね」

〝ああそのことか〟と二人は理解した。

「このハロー効果というのは、例えば有名人とか芸能人とか、君たちにはインフルエンサーって言ったほうがわかるのかな。自分が好意的に思っている人たちがなにか発言をしたり、商品とかの写真をＳＮＳに投稿したりすると、その人自身とは関係がないのに、そうした商品の価値も高く評価されやすくなることだよ。投稿を見た人たちは、自分が好きなあの有名人が褒めているなら〝これはいいものに違いない〟って思ってしまうのさ」

「それ、わかるなぁ。私もＲＪが〝おいしいよ〟って投稿したお菓子とか食べてみたいって思ったことあるもん」

「こうした効果があるから、ほとんどの企業が宣伝にタレントを使ったり、イベントを企画してうまくＳＮＳを利用しているんだよ」

「へー、うちのお店はＳＮＳをやっていないけど、そろそろ考えたほうがいいのかな……」

「お店の情報発信には便利だと思うよ。それから僕の経験だと、〝今日はまだシュークリームが残っているかな〟なんて考えることがあるから、現時点で売っている商品のラインナップがわかると、お客としては便利だね。大手チェーン店みたいなＳＮＳ戦略はできないかもしれないけど、そういう使い方はできるはずだから、検討してもいいかもしれないよ」

「ジョージさん、それ、すごく参考になる！」

萌は、帰ったら父親にSNSを使った宣伝を提案してみようと思った。するよと、あおいがなにか思い出したようだ。バッグから財布を取り出すと、スイプリでキラキラソフトを買ったときにもらったスタンプカードを引っ張り出した。

「それ、さっきもらったカードだよね」

「うん。あ、やっぱりスタンプが2個押してある。キラキラソフト一つにつき1個のはずなのに、スタンプが2個押してあるよ。これサービスかな？」

「そうなんじゃないの？　1個をおまけしてくれたんでしょ」

萌も財布からスタンプカードを出すと、確かに自分のカードにもスタンプが2個押してある。ジョージは〝ちょっと見せて〟と、萌のカードを借りる。

「なるほど……。スタンプが10個たまったらシュークリームかアップルパイが1個無料になると書いてある。確かにこれも大きな意味では宣伝になるね。ただ、この場合はスタンプが初めから2個押してあることがポイントなんだよ」

「オープン記念のサービスだからじゃないんですか？」

「もちろんサービスの一環だけど、やはりちょっと仕掛けがしてあるんだ。**〝目標勾配効果〟**を狙ったものだよ」

そう言いながら、例によってジョージはメモ用紙に用語を書いて見せてくれた。

「なんかむずかしそう……」

萌が見慣れない漢字を見て眉間にシワを寄せる。

「こういうスタンプって、10個ためるのは時間もお金もそれなりにかかるよね。すぐに利益が得られるわけじゃないから、忘れられがちなんだ。このスタンプも使用期限は1年間あるけど、10個ためるのが面倒でいつの間にかカードを捨ててしまう人もいるだろうね。これには〝現在バイアス〟（→78ページ）が影響しているんだ。人は、遠い未来のことで意識しにくいものごとをあまり評価しないし、やる気もあまり出ない。でも、達成が近づいてくると急にやる気が出たりする。そういうことあるだろ？」

「あります。もう少しで終わるってわかったら学校の課題もやる気が出ます」

「それなら私もある！　絵の完成が近づくとガーッと集中して描くことあるよ」

「そうだね。そうやって達成の現実味が出てくるとがぜんやる気が出る。これは目標勾配効果によるものだよ。つまり、スタンプが初めから2個押してあるということは10個ためる目標達成が少しだけ近くなるよね。そうすると、〝スタンプをためてみようかな〟って興味を示す人が出てくる。それにせっかくたまったスタンプを捨てるのはもったいないし、損するみたいに感じてしまう。こうやってお客さんをつなぎとめたり、売り上げアップにつなげたりすることができるというわけだよ」

「そういうカラクリだったのか……それって、私がお小遣いの目標金額に近づいたときにもそういうふうに感じるのかな？」

「そうだね。目標達成が近づいてきたら、きっともっとやる気が出てくるはずだよ」

「よし、がんばらなくちゃ！」

萌は大げさにガッツポーズをして見せた。

おいしさでは負けない！ だけど工夫も必要

Keyword イケア効果、威光価格効果

その日の夜、萌は両親に昼間、スイーツ・プリンスに出かけていたことを打ち明けた。

「そんなことだろうと思っていたよ。お父さんも次の定休日あたりにでも、行ってみようと思っていたんだよ」

「えへへ、やっぱりバレてた。それでね、行ってみたらいろいろ参考になったよ。ハロウィン用の飾り付けとかお菓子の小さな詰め合わせとか、うちもすぐにやったほうがいいなって思ったの」

「確かにもうそんな時期だよな。包装材の発注をしておくから、萌も準備を手伝ってくれるかい？」

「それで、お客さんはどうだった？　たくさん来てた？」

母親もスイプリの様子が気になるようだった。

「うん、すごい混雑だったよ。でも、オープンした最初の週末だからだと思うよ。それに商店街からは自転車でもちょっと距離があるから、このへんの人たちがみんなスイプリに行っちゃうとは思えない。そりゃあ、しばらくはものめずらしさもあるから、行っちゃう人もいるだろうけど……」

「そうね。うちはうちでやるしかないよね」

「うん。確かに全国にお店をもつ大きなチェーン店だけど、私は味も見た目もお父さんのケーキのほうが断然上だって思っているよ。あおいもそう言ってくれたんだよ」

「ありがたいね。萌がお店の手伝いをしてくれるようになってから、お父さんも売り上げをアップさせるアイデアを考えようと、ちょっとは勉強したんだぞ」

「どんなこと？　なにかいいアイデア浮かんだ？」

「うん。お母さんに相談しようと思っていたんだが、萌も一緒に聞いてくれるかい？」

「もちろん！」

「萌は、〝**イケア効果**〟って知っているかい？」

「ううん。それなぁに？」

「自分自身で手間をかけた商品は満足度が高くなるという心理らしいよ。そこで、うちのお菓子も手づくり感が味わえる商品を用意してみようと考えたんだ」

「それで、どういう商品にするの？」

母親は経理と財務担当なので、コストのことが気になっている。

「前にね、お客さんから子どもと一緒につくれるような簡単なお菓子はないかって聞かれたことがあるんだ。それで〝ヘクセンハウス〟、つまり〝お菓子の家〟の手づくりキットならできるんじゃないかと思ったんだよ。家のパーツのクッキーと、飾り用のアイシングやチョコレートをセットにして売ったらどうかと考えたんだ」

父親はレシピノートを開き、〝お菓子の家〟の設計図が描かれたページを見せてくれた。パーツごとのクッキーの形とサイズ、飾り付けのサンプルが描かれている。クリスマス用なのか小さなサンタクロースの人形が屋根にちょこんとのっている。

「これっておもしろそうだね！」

萌はそのアイデアがとても気に入った。

一方、母親はややむずかしい顔をしている。そして、おもむろに口を開いた。

「うん、確かに手づくりの楽しさを味わってもらうのにいい商品だと思う。クッキーなら日持ちもするし、アイシングはパウダーを小袋に入れておけばいいよね。それと……飾りのチョコレートペンも発注しておけば準備できるしね。でも、どれくらい売れるのか読めないよね……」

「とりあえず、クリスマス用にいくつか用意してみようと思っている。それで需要があるなら、来年は数を増やしていけばいいいし」

父親が提案した。

「そうね。でも、クリスマス前はただでさえ一番忙しいときだし、新作も考えているわけでしょ。そんなに数を用意できないし、時間的にも早めに用意しておくしかないかな」

「そうなんだよな」

「ねえ、お母さん。レジのところに〝お菓子の家の手づくりキットの予約承ります〟って書いて、〝限定何個〟って表示をしておけばいいんじゃない？　そうすれば準備する量を決められるでしょ」

「それいい！　それなら予定が立てやすくなるね」

母親も手づくりキットのアイデアに乗り気になってきたようだ。

「それから、ここからが最重要課題なんだが、クリスマス用の新作をいつもと少し違う路線にしてみたいんだ」

「なんだかお父さんまで萌みたいなこと言い出したわね」

母親が苦笑している。

「うちの看板商品はチョコレートケーキだよね。そのチョコレートケーキをぐっと進化させたいんだ」

「進化？」

　萌と母親は同時に聞き返した。

「うん。クリスマス用に少し高めの値段設定で、〝贅沢(ぜいたく)ショコラケーキ〟というのを考えている。基本はチョコレートケーキのオペラ※だよ。そして使用するチョコレートをふだんよりグレードの高いものにする。デコレーションはシンプルにして、金箔(きんぱく)を散らすデザインにすることで上品かつ贅沢感を演出するんだ」

　父親はレシピノートをめくると、贅沢ショコラケーキのデザイン画を二人に見せた。細長い長方形にカットされ、七つの層でできている。生地の間にはコーヒー風味のバタークリームとチョコレート、生クリームをそれぞれはさんでいく。そして表面はチョコレートで覆(おお)われていて余計なデコレーションはされていない。シンプルに金箔がひらりと飾られ、そばに小さなチョコプレートだけがのっている。デザイン画を見るだけで、父親がどれほど熱意をもっているかが伝わってくる。

「クリスマスから年末にかけてはみんな自分へのご褒美とか、家族や大切な人へのプレゼントを奮発することが多いから、そういったお客さんを対象にするには、こういう高級感が必要だと思うんだよ」

「いいと思う！」

※パリで生まれた伝統的なチョコレートケーキ。「オペラ座」にそびえ立つ金のアポロン像に見立てて、ケーキの表面に金箔があしらわれている。

萌はすぐに賛成した。もともとベル洋菓子店の定番のチョコレートケーキはお客さんの間でも評判がよく、人気が高い。チョコレートケーキを得意とする父親がこだわっている商品なのだ。

カルヴァドス※の香り高いクリームをはさんだ生地を、ベルギー産のチョコレートでコーティングしてある。甘すぎず、ほろ苦さを感じるチョコレートケーキは男女問わずファンが多く、予約やお取り置きの連絡もよくある。

その父親がつくるオペラなら大ヒット間違いなしだと萌は思った。

しばらく考えていた母親が口を開いた。

「お父さんのことだから、材料費の計算もしたうえでのことでしょ。わかりました。やりましょう」

母親も納得し、GOサインが出た。萌は父親のほうを見て〝やったね！〟とガッツポーズをした。父親もうれしそうだ。

「ねえ、もう一つ私から提案があるの。ちょっと聞いてもらってもいい？」

「なんだい？　言ってごらん」

「うん。スイプリってSNSを使っていろいろ宣伝してるんだよね。それで、うちのお店もSNSを使った宣伝を考えてみたらどうかなって思ったの」

「うちはホームページもつくってないし、考えなくちゃと思いながら、それにもまだ手を

※フランスのノルマンディー地方でのみつくられる蒸留酒。リンゴの果汁を発酵させて蒸留したのち熟成させる。芳醇な香りを持つ。

つけていないんだよね。なにかアイデアがあるのかい？」

「うん、ある人から聞いたんだけど、自分が欲しいケーキが今売ってるかとか、残っているのかがわかれば買いに行くときの参考になるっていうの。ほら、せっかく買いに来たのに、欲しいケーキがなかったらがっかりするじゃない。だから、うちもSNSを使って〝ただいまのラインナップ〟みたいな感じで写真か動画をアップしてみようよ。それでお店の電話番号をのせておけば、お取り置きの受付もできるでしょ。どうかな？」

「なるほど……。それはいい考えだね。動画や写真を見て、お取り置きの連絡をしてもらえれば売れ残り防止にもつながるかもしれない」

「そうね。じゃあ、動画や写真をアップする時間を考えないと」

母親はさっそく試すつもりでいるようだ。父親も乗り気だ。

「商店街の人でやっている人がいるかもしれないから、今度聞いてみるよ。萌、ありがとう。いいアイデアを考えてくれたね」

実は、そのアイデアはジョージだとは言えずに萌は照れ笑いでごまかした。

「えへへ、だってスイプリに負けたくないからね」

「よし。じゃあ、わが家の作戦会議は以上で終わりにしようか。二人ともお疲れさま」

萌は両親に〝おやすみなさい〟と言うと、自分の部屋に戻った。

＊

萌はベッドの上に腹ばいになり、父親から借りっぱなしのノートパソコンを広げると、T-パープルの公式サイトをチェックした。最近はお店の手伝いに時間をとられ、公式サイトのチェックがおろそかになっていた。

モニターに映るＲＪの姿を見ていると疲れが一気に吹き飛ぶ。

「やっぱりかっこいいー！　ああ、こっちのはかわいいー！　ＲＪは私の神だわ～」

T-パープルの曲を鼻歌でうたいながら、画面をスクロールする。そのときマウスパッドを操作する萌の指がピタッと止まった。

「え!?　えー!?　ラ、ライブ決定！　来年5月に来日ライブってマジ!?」

萌はガバッと起き上がった。自分で自分に〝落ち着け、落ち着け〟と声をかけ、ベッドに正座し、モニター画面を確認する。

確かに、来年5月の大型連休中にT-パープルの来日ライブが決定したとある。萌は自分の心臓がドキドキと大きく脈打つ音を感じていた。

深呼吸をして、萌はもう一度ライブ開催の日時と場所をチェックした。

ライブ会場は萌の住む地域からは遠い。電車と新幹線を乗り継がなければならない。チケット代はまだいくらかわからないが、以前チェックした値段から予測すると、クリスマ

ス限定グッズの値段なんかよりもずっと高額だろう。

しかもライブに行くにはもう一つの高いハードルがある。

萌はまだ中学生だし、両親が許してくれないはずだ。特に母親は高い壁となるだろう。

萌はベッドから飛び降りるとリビングへ急いだ。

作戦会議を終えてテレビを観ながらくつろいでいる両親に、萌は大声で呼びかけた。

「ねえ、お母さん、お父さん！」

後ろから大きな声で呼ばれて両親がビクッとする。

「いきなりなんなの？」

母親がびっくりして振り返る。父親は〝虫でも出たか！〟と殺虫剤のスプレー缶に手をのばしている。

「うん、一大事！　来年のゴールデンウィークにT-パープルのライブがあるの！　私、ライブに行きたいからお小遣いをもっと貯める！　そのためにお手伝いもがんばるからライブ行きを許して欲しいの！」

「まったくもう……またT-パープルなの。なにごとかと思ったわ」

母親はホッとする一方、あきれはてている。

「ごめん……。でも、どうしてもライブに行きたいってことを宣言しておきたかったの」

「来年の話はまた今度にしましょう」

「でもぉ……」

「萌、ライブのことはお父さんたちも考えておくよ。お店を手伝って、お小遣いを貯める目標にするのはかまわないけど、学校の勉強や部活もあるんだから無理をしちゃダメだ。だから、その話はここまで。おやすみ」

父親に冷静に言われると、〝はい〟と答えるしかなかった。

萌は自室に戻ると、改めて自分なりの目標を立てることにした。

机に向かって引き出しからお小遣い帳を取り出す。

「まずは、お店の手伝いをがんばって絶対に売り上げをアップさせる。スイプリになんて負けない。それでライブチケットが買えるくらいお小遣いも貯める！」

萌は、お小遣い帳の表紙に赤のフェルトペンで大きく〝目標金額２万円〟と書いた。お店の売り上げアップ、さらにライブチケット購入という新たな目標が加わり、萌はこれまでにないほどやる気が満ちるのを感じた。

＊

週明け、先日の作戦会議のことをジョージに聞きたくて、あおいに〝今日、太宰堂に行かない？〟とメッセージを送った。もちろんあおいにはすべての事情を報告済みだ。

あおいから、すぐにOKの返事が来た。
放課後、萌は足早に待ち合わせをしている昇降口に向かった。
太宰堂に着いた二人は、いつものように挨拶しながら店内に入った。
さっと見たところ、お客さんはいないようだ。ジョージは今日もカウンターで立ったま
ま、ノートパソコンに向かっている。二人に気がつくと、〝いらっしゃい〟と返事をして
メガネをクイッと上げた。
「今日はどうしたのかな？」
さっそく萌が切り出した。
「この前、スイプリに偵察に行ったでしょ。その夜、お父さんに報告したら、そのまま作
戦会議が始まったの」
「作戦会議か。それは話を聞くのが楽しみだな」
ジョージが身を乗り出す。
萌は、お客さんから要望のあった手づくり感が味わえる商品として、〝お菓子の家〟の
手づくりキットの販売をすることになったと伝えた。
「お父さんが言うには、〝イケア効果〟っていうのがあって、自分で手間をかけた商品は
満足度が高くなるって言うの。私は手づくりしてみるのもおもしろそうだと思うけど、ど
うして手間をかけると満足度が高くなるのかわからなくて。だって自分でつくるとなった

ら、めんどくさって思う人もいるでしょ？」

「ふむ。〝お菓子の家〟の手づくりキットか。具体的にはどういうものかな？」

萌は、家族会議のときに父親が見せてくれた〝お菓子の家〟の設計図を思い出しながらジョージに説明した。

「お菓子の家の壁とか屋根や煙突はクッキーでできていて、それをアイシングでくっつけて組み立てるの。あ、アイシングっていうのは粉糖(ふんとう)でつくるお砂糖の白いクリームだよ。乾くと固まるから接着剤みたいに使えるんだ。あとはチョコペンで模様を描いたり、チョコチップとかマーブルチョコレートを自分で好きに飾り付けして完成。今回はクリスマス用だから、小さなサンタさんのオーナメントもつけることにしたの」

「それはおもしろそうだね。つくり方はむずかしいのかな？」

「ううん。大人が手伝えば小さい子どもでもつくれると思うよ。でもね、それが手間だって思わないのかなっていう疑問があって」

「確かに、萌さんが心配するのもわかるけど、代わりに安く買えることもあるからね。それに、人は自分がわざわざ手間ひまかけたものは、その分だけ価値が上乗せされて愛着がわくものなんだよ。〝あれだけがんばったから〟とか、〝こんなに手を加えたのだから〟っていうようにね。ほかならぬ自分が努力してつくったわけだから達成感を感じられて満足しやすくなる。〝イケア効果〟とはそうした心理効果の一つだよ」

「ふーん、そういうものなのか……」

萌は今ひとつピンとこない。

「たこ焼き器とかで自分で料理すると、意外においしく感じるみたいなものだね」

「なるほどね。あ、そうだ。ジョージさん、もう一つ聞いてもいい？」

「うん、どうぞ」

「新作ケーキの話なの。年末年始はみんな自分へのご褒美とかプレゼント用にちょっと値段が高いものでも売れやすくなるから、そうしたお客さんのために〝贅沢ショコラケーキ〟っていう数量限定の高い商品をお父さんが考えているの」

それを聞いたジョージは表面上冷静を保っていたが、内心とても喜んでいた。ベル洋菓子店のチョコレートケーキはジョージの大好物だ。

「うん、個人的にはとても魅力的な新作だと思うよ」

「ジョージさんたら、自分が甘党だから食べたいだけなんじゃないの？」

萌がからかう。

「いや、そうじゃない……、あ、いや、そうなんだけど。高めの値段設定にするのはセイリアンスの効果もあるし、いいアイデアだと思うよ」

「同じ金額でも頭の中での目立ち方が変わるという話？」

「そう、さすがだね、あおいさん」

あおいの成長ぶりに驚きつつ、ジョージは萌にもわかるように話し始めた。

「人がものを買うとき、安さ・高さの基準は、単純にいくらかではなくて、基準となる金額に対する比率で考えることが多いんだ。例えば、同じ500円の得でも、1万5000円の500円引きはお得感があまりなく、1500円の500円引きのほうがセイリアンス、つまり目を引くしお得だと思われやすいよね。今回、贅沢ショコラケーキを例えば1ピース800円で販売すると、そのケーキを買いに来たお客さんは800円の高いケーキを売る店だと認識するから、金額よりも品質に目を向けさせることができる。10円、20円の違いはより小さなものに見えるようになるんだ」

「じゃあ、値段が高いから売れないってことはないのかな?」

「むしろ、高級感を与えることができるんじゃないかな。クリスマスシーズンや年末年始に特別な商品を購入したい、と思う人にとっては魅力的に見える。これを〝**威光価格効果**〟というんだよ。もちろん、価格にともなう品質がないとダメだけどね。以前に話した〝端数価格効果〟の反対のようなイメージかな」

そう言ってジョージはメモ用紙に漢字で書いて二人に見せてくれた。

〝なんだか、漢字からしてえらそうだね〟という萌の言葉に、あおいも笑ってうなずく。

「それから高めの値段の商品はアンカリング、おとり効果の役割もあるんだよ。贅沢ショコラケーキの800円という値段を見たあと、定番の480円のチョコレートケーキを見るとお手頃に思える。ついでに気軽に手をのばしてみようと思う人もいるはずだよ」

「確かにそういう人もいそうだわ」

あおいが納得する。

「うん、そうだね。でも、それよりもうちのチョコレートケーキの値段が480円だってことをフツーに覚えているジョージさんにびっくりしたよ。ホントにうちの店のチョコレートケーキを食べてくれているんですね」

萌の指摘にジョージは〝参ったな〟と頭をかいた。

その様子がなんだかおかしくて、萌とあおいはクスクス笑った。

日本人にありがち!?

同調効果

自分の考えや行動を周囲の人たちの考えや行動に合わせようとする傾向のこと。周囲の人がどう判断するかを基準にすると楽に判断できる、あるいはあえて周囲と違う選択をすることは心理的な負担がかかりやすいために起こる。

アッシュの「同調実験」

社会心理学者ソロモン・アッシュによって1951年に行われた「同調行動」の実験。実験室にいる8人のうち7人は「サクラ（おとり）」で、被験者は1人。下の質問にサクラが全員「正解」を答えると、被験者も正解の選択肢を選び、サクラが全員「不正解」を答えると、被験者が不正解を選択する確率が増えた。

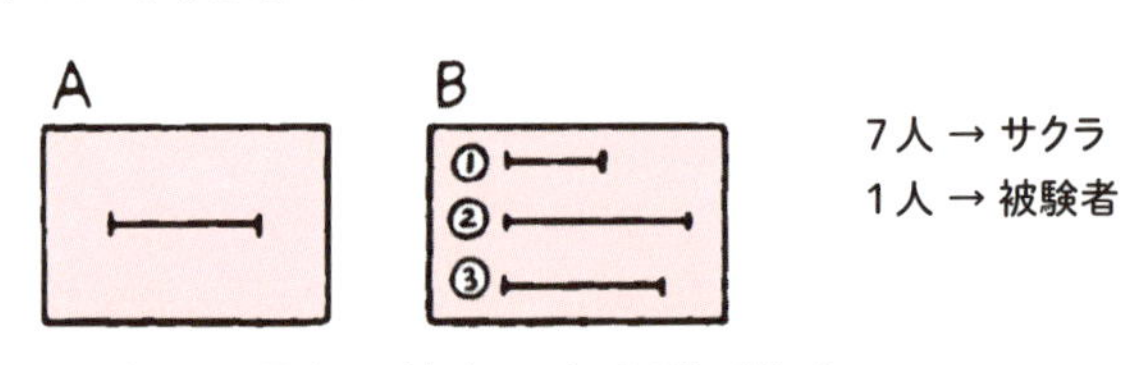

質問：Aと同じ長さの線をBから選びなさい。

社会規範

他者や社会からどのように見られるかが、同調する圧力として働いて、選択に影響する。結果として、金銭的な要因よりも、社会的・道徳的な要因が上回り、選択に影響することがある。

何としてもゲットしなければ、
今まで使ったお金が無駄になる！

サンクコストバイアス

将来に向けて判断する際、合理的に考えるのであれば、回収できないサンクコスト（埋没費用）は諦めて、考慮に入れる必要はない。一方で多くの人は、サンクコストを無視できず、判断がゆがみやすい。

ハロー効果

目立った特徴や記憶に残った印象から、その他の面を評価しようとする傾向や心理。**例：**あるアイドルのパフォーマンスが好きだとすると、そのアイドルの性格も好ましいものと思いやすい。

目標勾配効果

ゴールとなる目標が近づくにつれ、目標を達成しようとする意欲が加速するという心理現象。スタンプカードなどに仕掛けをすることで、達成に向けて前進している感覚が与えられる。

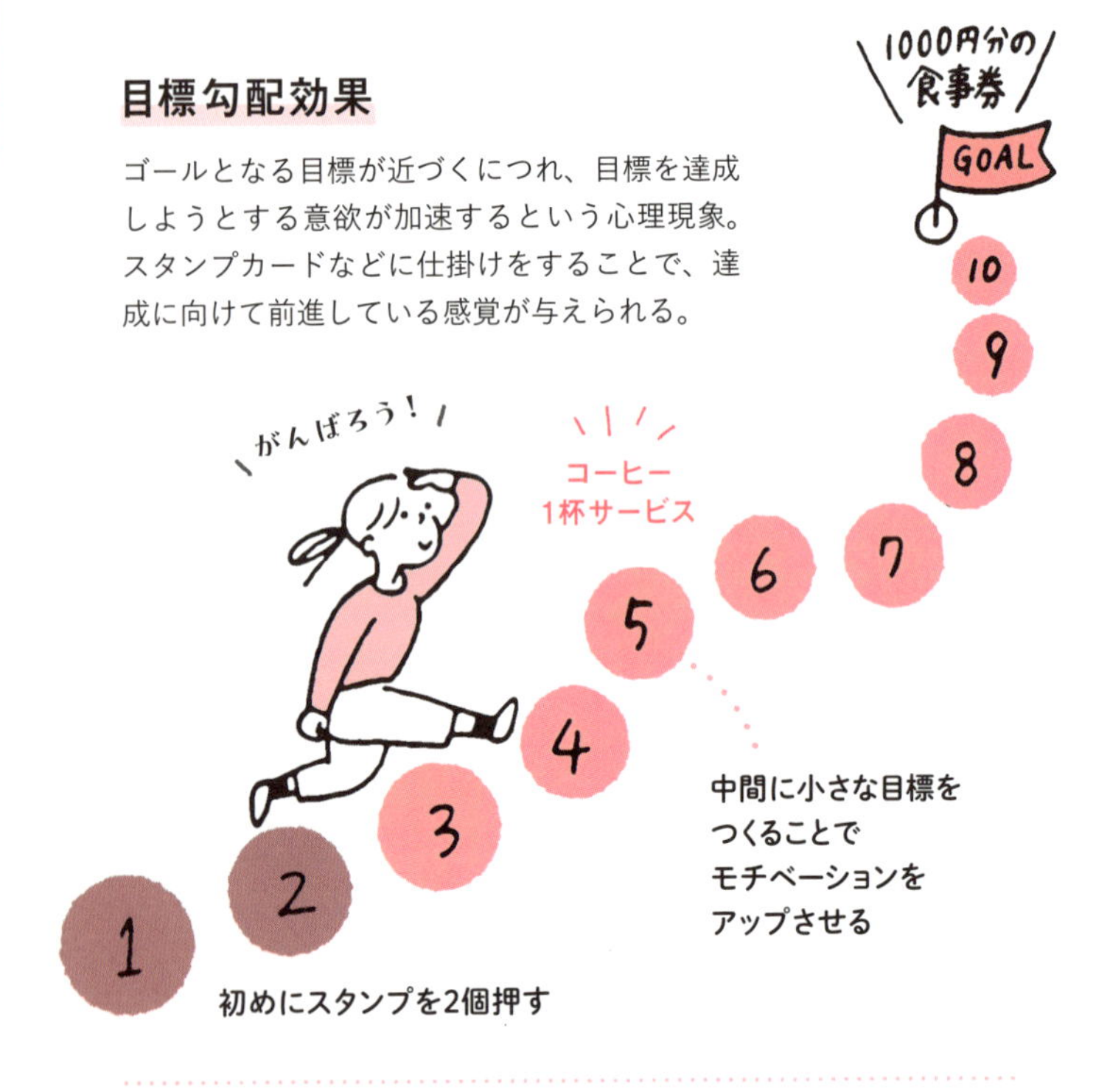

イケア効果

組み立て家具のIKEAが由来。手間をかけて「自分で組み立てた商品」には愛着がわくことから、実際よりも高く評価する傾向がある。

威光価格効果／端数価格効果

高額に見える価格設定から高品質であると期待させることを威光価格効果という。反対に、価格を端数に切り下げて割安感を演出することを端数価格効果という。

5章

セイリアンスな“仕掛け”で集客アップ

なにが評価や判断に影響するの？

Keyword
確証バイアス、投影バイアス

10月末、ハロウィンの数日前から萌はお菓子の詰め合わせづくりを手伝い、店内の飾り付けをがんばった。無料サービスのクッキーを配りながら、ハロウィン限定のケーキの宣伝をした。萌のアピールが功を奏したのか、父親のつくった紫芋とカボチャのモンブランは好評で、1週間の期間限定での販売だったが、連日完売したほどだ。

同じころ、SNSによる情報発信もスタートしていた。父親が店のSNSアカウントを取得し、商店街のホームページにもSNSの二次元バーコードを掲載してもらった。店内にもSNSを始めたことを張り紙で案内したり、二次元バーコードを印刷したショップカードをつくったりして買い物をしたお客さんに配布した。

SNSへの投稿は1日2回、まず開店直後にその日のケーキのラインナップを、そして閉店の2時間前を目安に、その時点で販売中のラインナップ、つまり残っているケーキを短い動画でアップすることにしていた。

母親は、最初の2、3日こそ〝私にできるかしら〟と不安そうだったが、すぐに慣れたようで今では毎日のルーティンとなっていてスムーズに投稿できるようになっていた。

フォロワー数はまだまだ少ないが、それでもＳＮＳへの投稿を見てケーキを買いに来るお客さんがちらほら現れるようになった。常連さんが投稿を見てお取り置きの連絡を入れることもあり、萌たちは効果を実感していた。

ハロウィンが終わるとベル洋菓子店ではクリスマスの繁忙期に向けて準備を始める。洋菓子店にとってクリスマス商戦は年内最大の書き入れどきである。両親は連日寝不足になりながら準備に追われる。

今年は萌もお店の手伝いをフル回転でするつもりだったが、肝心のケーキは父親がつくるしかない。今年から〝お菓子の家〟も試験的に販売することになったため、その準備もあった。

おまけに新作の〝贅沢ショコラケーキ〟はただでさえ手間ひまのかかるケーキである。値段が高めで数量限定の予約制にしたのは注目を集めるという目的もあったが、実のところそうでもしないと父親一人では準備がむずかしいという理由もあったのだ。

そんなある日、路地をはさんだ隣のビルのリフォーム工事が始まった。そこはもともと青果店だったが店主が高齢になり、しかもお客さんが年々減ったこともあって１年ほど前に閉店していた。新しい店ができるのか、それとも住居に改築しているのかわからない。

萌は登下校のたびにそのビルの前を通るが、もし新しいお店だとしたらスイーツ・プリンスみたいなライバル店でなければいいなと思っていた。

萌は部活動がない日や週末には以前よりも熱心にお店の手伝いをしている。クリスマスの限定グッズはあと少しで手が届きそうになってきたが、来年のライブチケットの代金にはまだほど遠い。そのためにはやはりお駄賃が必要だ。

＊

忙しい日々の合間をぬって萌はマジックの練習を再開した。500円玉を使ったマジックは最近になってようやくできるようになったものの、いかんせん成功率が低すぎる。人前で披露するにはかなり無理がある。というより失敗するのがオチだ。

そこで、もっと簡単なコインマジックをジョージに教えてもらおうと考えていた。練習を重ねてぜひやってみたいことがあるからだ。この計画のことはまだだれにも話していない。明日はその新しいマジックをジョージに教えてもらうつもりだ。

スマホをリビングの充電器に戻す前に、萌はいつものようにＲＪ関連のＳＮＳをチェックした。そのとき、衝撃的な内容が目に飛び込んできた。

「え……ＲＪが女性アイドルとデートしたってマジ……？」

その情報によると、韓国内の芸能ニュースでＲＪと女性アイドルの交際報道がキャッチされたというものであった。萌にとっては信じたくないニュースであるが、そのまま鵜呑（うの）

みにするのも嫌だった。
あわててSNSで検索をかけてみると、〝信じられない〟とか〝絶対信じない！〟〝100％ウソに決まっている〟という書き込みが多く上がっていた。特にたくさんの支持や〝いいね〟を集めている情報をチェックしてみると、新作のミュージックビデオの撮影でのことだから交際報道はウソだと書いてあった。
「ほらね、やっぱりデマだよ……」

＊

翌朝、あおいと一緒に登校する道すがら、萌は昨夜のRJのデート報道でヤキモキしたことを話した。

「もうほんとにびっくりしたんだよ。心臓が止まるかと思った。だって、デートしてたなんてうわさになってるんだよ。RJに恋人がいるなんてありえないもん」

「確かに、ファンにとってはダメージだよね。でも、ほんとにデマなの？　私もちょっとネットで調べてみたら、二人が一緒の写真もあったよ」

「え、そんなのウソだよ！　それに、なんであおいがRJのことを調べたの？」

あおいは一瞬言葉に詰まった。実は、萌の影響で最近T-パープルの曲をときどき聴いたり、ＲＪやほかのメンバーのことをＳＮＳでチェックしたりするようになっていたのだ。別にファンというほどではないのだが、萌があまりに熱心なので最近やたらと気になるようになってしまったのだ。

「べ、別に深い意味はないよ。ちょっとＴ－パープルに興味があっただけ。だって、萌がいつもＲＪのことで騒いでいるから……」

あおいはゴニョゴニョと言葉を濁した。

「そう……。でもさ、写真を撮られたとか信じない。そういうのは聞きたくないし、知りたくもないよ！　あおいはファンじゃないからそんなふうに気楽に言えるんだよ！」

萌の強い口調に、あおいはちょっと腹が立った。

「でも、本当だっていう可能性もあるでしょ！　そうやって自分に都合のいいことだけ信じるのはどうかと思うけど！」

「ひどい！　あおいにはわかんないよ！　ファンがどんなに悲しい気持ちになっているかなんて！」

そう言い残すと、萌は駆け足で先に行ってしまった。あおいはフーッとため息をついて走り去っていく萌の後ろ姿を見ていた。

＊

放課後、太宰堂に行く約束になっていたため、萌はあおいを昇降口で待っているが、今朝のケンカのせいでどうにも気まずい。かといって黙ってすっぽかすわけにもいかない。しばらく迷っていると、あおいが小走りでやってきた。

「萌、どうする？　太宰堂、行くの？」

「……うん。ジョージさんにマジック教えて欲しいから。あおいはどうするの……？」

「これからちょっとだけ部活に顔を出してくるから、先に行っててくれる？」

それだけ伝えると、あおいは駆け足で階段を上がっていってしまった。やはり朝のできごとが尾を引いているのか、怒っているのかもしれない。

萌はしかたなく一人で太宰堂に向かうことにした。いつもあおいと一緒なのに今日は一人だ。心なしか足取りも重く感じる。

沈んだ気持ちのまま太宰堂を訪れると、ジョージは今日も立ったままレジカウンターでノートパソコンに向かっていた。原稿を執筆中のようだ。この前、聞いたところによると原稿は順調に進んでいるらしい。ジョージは萌に気づくと、メガネをクイッと上げて〝いらっしゃい〟と迎えてくれた。

「こんにちは、ジョージさん。おじゃましてもいいですか？」

「どうぞ。今日は一人なんだね」

ジョージは笑顔で奥のテーブル席に招き入れてくれた。

「あおいは部活の用事があって、あとから来るって」

「了解。萌さん、なんだか元気ないけど、どうかした？」

「ううん、なんでもないよ……」

そう言いつつも表情が硬く、明らかにいつもと様子が違う。あおいさんとケンカでもしたのかなと思いつつ、ジョージは様子を見ることとした。

「ねえ、ジョージさん、今日は新しいコインマジックを教えて欲しいの。できれば、コイン1枚でできるような、うんと簡単なのがいいんだけど……」

「ほお」

「コインを何枚も使うとどうしても失敗が多くて。1枚で簡単にパッとできるマジックってあるかな？」

「もちろんあるよ。確かに、この前教えたマジックはコインを一度に3枚使うから初心者にはちょっとむずかしかったね」

「そうなの。成功率が低くて人前でやるにはハードルが高いってことに気づいた」

「人前？　どこかで披露する予定があるのかい？」

「あっ……。実はちょっと計画していることがあって。内緒にしておいて欲しいんだけど……」

萌はジョージに自分の計画を話してみた。ジョージはそれを聞くと、〟それなら簡単で、

いいマジックがあるよ〟と請け負ってくれた。

ジョージはいったんレジカウンターに戻ると、引き出しを開けてなにかを取り出してきた。手のひらを開くと、萌にどこか外国のコインを見せてくれた。

「じゃあ、コイン1枚でできるマジックを見せてあげよう」

そう言って2種類のコインマジックを教えてくれた。一つはコインが手の甲を貫通したかのように見えるマジック。もう一つは手のひらのコインが消えるマジックだ。コインが1枚なので扱いやすく、前に習ったマジックよりは簡単そうだった。

「ジョージさん、これなら私にもできそうな気がする！」

「そうだね。コイン1枚でできるし、萌さんが考えているアイデアにもうまく使えるんじゃないかな？」

「うん、これならできそう。ありがとうございます」

萌がお礼を言って頭を下げたとき、来客を知らせるチャイムが鳴った。

〝こんにちは〟という声はあおいだった。萌はハッとして、そそくさと帰り支度を始めた。今はあおいと顔を合わせたくない。すると、あおいが奥のテーブル席にやってきた。

「こんにちは、ジョージさん」

「いらっしゃい」

「探したい本があるので、ちょっと見てきてもいいですか？」

「もちろん、どうぞ」

ジョージは萌とあおいの様子を観察して、やはりおかしいと確信した。二人とも目を合わせず、萌は暗い表情であわてて帰ろうとしている。

「萌さん、あおいさんが本を探している間、マジックの練習をしようか。コツを教えてあげるよ」

さっさと帰ろうとしていた萌は、出鼻をくじかれてうろたえた。

「あ、は、はい。じゃあ、お願いします……」

萌はしかたなく財布からもらったばかりのコインを出すと、マジックの練習を始めた。ジョージが指の使い方やコインの扱いを詳しく教えてくれるので、数回くり返すうちにスムーズにできるようになった。

「そうそう。上手にできているよ。これなら大丈夫そうだね」

「やった！　ありがとうございます」

萌の表情がさっきよりも少し明るさを取り戻していた。そこへあおいがやってきた。

「あの……、今日は探している本がなかったので帰ります」

「それはすまなかったね。なんていう本かな？　仕入れておくよ。さ、ここに座って本のタイトルを教えてくれるかい？」

ジョージに椅子をすすめられるとむげに立ち去るわけにもいかず、あおいもしぶしぶと

腰を下ろした。無言で視線を合わせない二人を見かねて、ジョージが声をかけた。

「さて、二人ともなにかあったのかい？　余計なお世話かもしれないけど、いつも仲良しの君たちがあからさまにお互いを避けていると、僕も気になってしまうよ」

あおいが萌のほうを見ながら、ゆっくりと口を開いた。

「萌、今朝のこと、話してもいい？」

「……うん、いいよ」

あおいは、ＲＪの交際報道やそのことをネットで調べたこと、そして萌と意見が対立して言い合いになってしまったことを伝えた。腕組みをしながら話を聞いていたジョージは〝なるほど〟と納得したようだ。

「最近は小学校でもインターネットで調べものをする授業をやったりしているんだってね。君たちも勉強だけじゃなくて自分の好きなことや興味があること、アイドルなんかのことを調べるのによく利用しているのかい？」

「はい。最近はわからないことはなんでもネットで調べています」

あおいが答えた。

「うん、そうだね。僕もよく調べものをするときにはネットを活用するよ。ただし、このときには注意が必要なんだ」

「注意って？」

二人が同時に質問した。

「君たちが今朝、口論の原因になったのはＲＪの交際報道の真偽を調べたことがきっかけだよね。こんなふうになにかを調べるときにはネット検索に限らず、〝**確証バイアス**〟が働きやすくなるんだ」

ジョージはメモ用紙に用語を書くと二人のほうに見せながら解説を始めた。

「〝確証バイアス〟というのは、なにかを調べたり検証したりするとき、自分の意見と矛盾しない情報や自分が信じたいことに関する情報だけを優先的に探そうとしてしまう心理のことだよ」

あおいがそっと声に出す。

「自分が信じたいこと、か……」

「うん。そうだよ」

すると、萌が開き直るように強い口調で言い放った。

「だって、推しの悪いうわさなんて否定したいからしかたないよ！」

すかさずあおいが言い返した。

「でも、それじゃあ本当のことがわからないままじゃない！」

「ほんとのことなんて知りたくないんだよ、ファンは！」

萌とあおいがまた言い合いになりそうになると、ジョージがスッと手で制した。

「萌さんの気持ちはよくわかるよ。知りたくないし、聞きたくもないことだよね。でも、いったん落ち着いて僕の話を聞いてくれるかい？」

　萌は下を向いたままコクリとうなずいた。

「確証バイアスが働くと、なにかを調べるときにその内容が自分の信じたい情報にかたよってしまうんだ。〝ほら、合ってた〟って結論にすぐに飛びつけるからね。あれこれ考えずに済むんだ。でもそうすると、それ以外の情報、特に反対する意見を軽視してしまうから、アイドルの悪いうわさを否定する情報ばかり見つけては、自分は正しいって意固地（いこじ）になりやすくもなるんだよ」

　ジョージに言われて、萌はしばし考え込んだ。確かに自分はRJの交際報道なんて絶対にウソだと思いたかった。だから、うわさを否定する記事ばかり見つけては〝やっぱりデタラメだ〟と思い込んでしまったのかもしれない。

　あおいにデマじゃないかもしれないと指摘されときは、信じたくないあまり強く言い返してしまった。一方、あおいはRJが恋人と一緒のところを撮ったという写真を見つけていたのだ。萌は自分の調べ方がかたよっていたのだと痛感した。

「ジョージさん、そういうときはどうすればいいの？」

「まずは気持ちを落ち着かせることだね。感情的になってるときは、どうしても直感的な思考に陥りやすいから、自分の意見に囚われやすいんだ」

「そっか……。熱愛発覚とか悪いうわさなんて信じたくないけどなぁ」

「趣味や推し活の話ならそれで済むこともあるけれど、勉強や仕事で調べものをするときにはなにかを見落としていないか、反対意見が正しいという可能性を最初から切り捨てていないか、きちんと確認することが大切だよ。相手も〝自分の意見が正しい〟と思っているわけだから、互いに正しいと言い合っている限りはケンカにしかならない。相手の立場からも考えてみてあげないとね。高校生や大学生になって作文やレポート、論文を書いたり、大人になって仕事で重要な決断をしたりするような場面で望ましい判断ができるようにするには、多面的に冷静に考えないといけないよ。マジックでも、〝そこに500円玉はない〟と思い込んで疑わないから、突然出てビックリさせられてしまうわけだし」

「はぁ……。大人になるのってなんだかたいへんだね」

萌の言葉にジョージは苦笑しつつ、

「せっかくだから**〝投影バイアス〟**についても紹介しておこうか」

そう言いながら、メモ用紙に用語を書いて見せてくれた。

「投影バイアスというのは、今の状況が今後も続くと考えてしまう心理だよ。わかりやすい例としては、おなかがすいているときに買い物に行くと、空腹のせいでお菓子とか食材とか余計なものを買い込んでしまうということが起こりやすくなる」

「わかる！　今は無駄遣いしないように気をつけているけど、部活のあと、おなかがすい

ているときにコンビニに行ってお菓子を買いすぎちゃった経験があるもん」

「私も聞いたことがあります。スーパーに買い出しに行くときは満腹のときに行ったほうがいいって、母から言われたことがあるし。これって投影バイアスのことだったんですね」

「投影バイアスの例はほかにもあって、1日1日の天気の移り変わりが自動車の売れ行きに影響したりすることもあるんだよ」

「どうして天気が影響するの？」

「アメリカで行われた調査によると、暖かく晴れた日が続くともうすぐ冬になるという時期でもオープンカー仕様の車がよく売れたりする。投影バイアスによって、車を買うときの天気の状況が将来も長く続くと考えて商品の評価が変わってしまうからなんだよ。常夏のリゾート地のような場所ならオープンカーを選ぶのもいいかもしれないけど、冬目前にたまたま陽気な日が数日続いたからってオープンカーを選ぶ必要はないよね。こんなふうにそのときの状況を過大評価してしまうことがあるのさ」

「そんなのお菓子の買いすぎなんかとは比べものにならない。大金すぎるよ！」

萌は驚きの声を上げた。

「そうだね。たまたま晴れて暖かかったというセイリアンスなこと、つまり目立つ要素に引きずられて冬も含めて何年も長期的に使うものだということが意識されにくくなってしまったんだね」

「うわー。あおい、私が洋服を買いに行くときは絶対ついてきてね。投影バイアスのせいでぜんぜん必要じゃない服とか買っちゃいそうだよ」

「だね。私も気をつけなくちゃ」

二人は顔を見合わせてうなずき合った。

「それじゃあ、今日はここまでにしようか」

二人は仲良く頭を下げて、太宰堂をあとにした。

帰り道、萌は改めてあおいに謝った。

「ごめんね、あおい。今朝は怒って一人で先に行っちゃって……」

「ううん、私もごめん。きつく言いすぎた」

「私ってばＲＪのことになるとダメなんだね〜」

「でも、ファンってそういうものでしょ」

「うん。推しが命だからね」

「ふふふ、そうなんだね。少しわかる気がするよ……」

＊

11月下旬になると、萌はお店の手伝いに加え期末テストもあるせいで大忙しだった。テスト勉強は今回もあおいに助けてもらった。

萌はあおいが〝ここ、試験に出るよ〟と教えてくれた部分を重点的に勉強した。放課後にはまた一緒に勉強につき合ってもらい、苦手をなんとか克服しようとがんばった。成績が下がったらお店の手伝いをさせてもらえなくなり、来年のライブチケット代が危うくなるからだ。

数日後、答案用紙が戻されると、萌はドキドキしながら点数を確認した。どの教科も中間テストより少しだけ点数がアップしていた。母親も〝がんばったわね〟と褒めてくれた。

12月分のお小遣いをもらうとき、萌はこれまで通り500円を引いてもらい2000円を受け取るつもりでいた。すると、なんと母親が2000円も追加してくれた。合計4000円だ。母親から手渡された1000円札4枚を見て萌はなにかの間違いだろうと思った。

「え！　こんなにもらってもいいの？」

「11月にはお店の手伝いだけじゃなくて家のこともたくさん手伝ってくれたでしょ。1000円はお母さんから。期末テストも前より点数がよかったから、そのご褒美も含めてね。そしてもう1000円はお父さんからお店の手伝いのお駄賃よ」

「やった！　ありがとう！　これでRJのクリスマス限定グッズを買える！」

萌は4000円を手に文字通り跳びはねて喜んだ。グッズが買えるうれしさもあるが、自分でお小遣いを貯めることができたという達成感がうれしさを倍増させた。

＊

ベル洋菓子店は、クリスマス直前の繁忙期を迎えていた。〝クリスマス限定贅沢ショコラケーキ〟は、予約開始後すぐに完売した。また、〝お菓子の家〟の手づくりキットの売れ行きもよく、子ども連れの家族に大好評だった。クリスマス以外でもぜひ販売して欲しいという要望が寄せられ、父親は気をよくしていた。

クリスマスイブからクリスマス当日にかけて、萌は〝てんてこ舞い〟という言葉の意味を実感した。24、25日の2日間は、あおいも手伝いに来てくれたが、それでも目の回る忙しさだった。

というのも、萌はレジの手伝いをしながら子ども連れのお客さんが来たときにジョージに教わったコインマジックを披露していたのだ。

父親にお店でマジックを使ってサービスをしたいと申し出たとき、忙しいからダメだと反対されるかと思っていたが、快く許可してくれた。マジックに使うコインチョコレートは父親に頼み込んで用意してもらった。だから、萌はがんばってマジックの練習を積み、スムーズにできるようになるまで特訓した。

マジックを披露したところでそれが直接売り上げにつながるわけではないが、クリスマスにベル洋菓子店に来てくれたお客さんに少しでもハッピーな気分になって欲しいと考えたのだ。

簡単なマジックだったが、手のひらにのせたコインがパッと消えたり、手の甲を通り抜けたりするマジックは子どもたちに好評だった。

マジックに使ったコインチョコレートはその場で子どもたちにプレゼントした。キラキラの金色の紙に包まれたチョコレートをもらってうれしそうな子どもたちを見ると、萌も自然と笑顔になった。

隣の店はライバル？　それとも味方？

萌は年末に届いたＲＪの限定グッズのＴシャツとハンドタオルをベッドの上に広げては何度も手に取り、うれしさを噛みしめていた。これまで推しのグッズは両親にねだって買ってもらうことがほとんどだったが、今回は自分でお小遣いを貯めて手に入れた。そのため喜びはひとしおだった。

ベル洋菓子店は、クリスマス商戦が終わったあとも忙しかった。息つく間もなく、年末の手土産やお年賀用の焼き菓子の準備に追われた。

そしてお正月、萌はお年玉をかなり奮発してもらえた。年末年始のお店の手伝いをしたお駄賃も込みで1万円もらえた。これまでの萌ならさっさと使ってしまったはずだが、今回はグッとこらえた。

母親にこのお年玉をT-パープルのライブチケット代にしたいから預かっていて欲しいと頼んだのだ。

母親は〝ほんとにRJが好きなのね〟とあきれつつも預かってくれた。

萌のがんばる姿を見て、母親の気持ちも軟化している。否定的だった〝推し活〟にも、なんだかんだ言いながら最近は理解を示してくれている。

もうあと2、3日で冬休みも終わるというころ、萌が店の前を掃除していると元青果店のビルの改修工事が終わっていることに気づいた。

ほうきとちり取りを置くと、小走りでビルの前まで行ってみた。

そーっと様子をうかがうと、〝ドリンクスタンド・ジンジャー〟という看板がある。もともと青果店のビルは間口が狭かったが、その店もカウンターとスツールが3〜4脚くらいの小さなジューススタンドのようなつくりだ。

萌がもっと奥を見ようとしたそのとき、奥から30代くらいの女性が出てきた。

「こんにちは。なにかご用かしら?」

萌は驚いてしまったが、逃げるわけにもいかずあわてて頭を下げて挨拶した。

「ごめんなさい。のぞき見みたいなことして……。あの、そこのベル洋菓子店の鈴森です。こんにちは……」

「あら。あとでご挨拶に行こうと思っていたの。娘さんかしら。以前、ここで青果店をやっていた遠藤の親戚のものです。お店は来週オープンの予定なのよ」

「あの、なんのお店ですか？」

「フルーツや野菜のスムージーとか、今は寒いから温かい飲み物を出すことにしているの。お店の名前が〝ジンジャー〟なんだけど、生姜（しょうが）入りのドリンクが売りなのよ。ぜひ、来てくださいね」

「あ、はい。ありがとうございます。じゃあ、掃除の途中なのでこれで……」

萌はそう言ってお辞儀をすると、そそくさと店内に戻り、厨房でオーブンの様子を見ている父親に声をかけた。

「ねえ、お父さん。お隣のドリンクのお店のこと、もう知ってる？」

「うん？　お隣……ああ、遠藤さんのビルのことか？」

「そう、そこ！　ドリンクスタンドって看板にあった。さっきビルの前でお店の人に会っちゃったの。店主は女の人だったよ」

「そうか、もうすぐオープンだったな。商店街の会合にも去年一度いらっしゃったよ」

「ふーん。あのね、果物や野菜のスムージーとか、生姜入りの飲み物とかを出すお店だって言ってた」

「そうそう。青果店をしていたときのツテで地方の果樹園や農家さんから仕入れた果物や野菜を使うっていう話だったよ」

「今度、お店に来てくださいって言われちゃった。だから、オープンしたらあおいと行ってみようと思ってるんだ。偵察もかねて」

「偵察って。萌、飲み物のお店だからスイーツ・プリンスとは違うだろ。ご近所だし、コソコソ調べるような失礼なことをしちゃダメだぞ」

「わかってるって」

萌は厨房のドアを閉めると、すぐに焼き菓子のチェックに取りかかった。

＊

冬休み明け、萌とあおいは学校の帰り道、オープンしたばかりのドリンクスタンド〝ジンジャー〟に行ってみることにした。

冷たい北風の強い日で温かい飲み物が欲しくなる寒さだ。店の前まで来るとオープンしたてということもあってか、数人のお客さんが店の前にいるのが見えた。

萌とあおいはこぢんまりした店内に入った。

「いらっしゃいませ」

先日会った店主の女性が明るく挨拶する。奥のほうにもう一人女性スタッフがいるようだ。店主よりも若く、大学生くらいに見えた。

「こんにちは、来てくれたの。ありがとう。お友だちも一緒なのね」

「はい。先日はどうも……」

「ご注文はどうします？　今ね、オープン記念で割引価格にしてあるのよ。メニューはこと、それから上のボードも見てね」

そう言って店主はカウンターの上のラミネート加工されたメニュー表と、レジ横の壁に掛けられた手書きのボードを指さした。

萌とあおいは二人でメニューを見た。今の時期はホットドリンクがメインだ。ジンジャーレモネード、蜂蜜ジンジャーレモネードのほかに、ベリーとミルク、カボチャと焼き芋、黒ごまときなことバナナなどのホットスムージーが数種類あった。スチームで温めたホットオレンジジュースというのもある。

温かいジュースってどんなものだろうと思いつつ、萌とあおいは〝おすすめ！〟と表示されたホットジンジャーレモネードを選んだ。おすすめに興味があったのも確かだが、実はすべてのメニューの中で値段が一番安いものだった。レギュラーサイズで通常は400円だが、オープン記念ということで200円に割引かれている。

　注文して会計を済ませ、カウンターで商品が出てくるのを待つ。すぐにプラスチックの蓋（ふた）つきのシンプルな白いクラフトカップが二つ置かれた。カップには生姜のイラストが描かれた紙が巻かれている。

「お待たせしました。ホットジンジャーレモネードのレギュラーサイズです」

「ありがとうございます」

　二人はカップを受け取り、店の外に出た。

「熱いので気をつけて。ありがとうございました。またいらしてね！」

　女性店主の明るい声が大きく響く。

　萌とあおいは店の外に出ると、ひと口飲んでみた。温かさにホッとする。甘さは控えめでレモンのフレッシュな香りが広がり、生姜風味がいいアクセントになっている。

「ふー、あったまるね〜」

　萌の言葉に、あおいもうなずく。

「うーん、おいしいね。でも、ちょっとお値段高めだよね」

　あおいが少し声をひそめて言う。萌も無言でうなずいた。今回は割引価格だったが通常価格だとコンビニや自動販売機で買う飲み物よりも高く、中学生には痛い出費だ。そのせいか学生は少なく、お店に来ているお客さんのほとんどが大人だ。ただ、このあたりは商

店街でも人通りが多いところなので、今もお客さんが次々に来ているし、それなりにお客さんが定着するのではないかと萌は思った。

こうして二人の〝ジンジャー〟偵察は終了した。

その数日後、萌が店番を手伝っていると通りのほうで声がする。耳をすますと、ジンジャーの店主がお客さんの呼び込みをしているようだった。

「ドリンクスタンド・ジンジャーです。サービスのホットジンジャーレモネードはいかがですか〜。オープン記念でーす」

あの女性店主が道ゆく人に声をかけていた。小さな紙コップにポットから飲み物を注ぎ、無料で配っているようだ。紙コップを手にしたお客さんが数人周りに集まっている。

「お母さん、あのドリンクスタンド、うちのお店のライバルになるかもしれないよ」

「なにを言ってるの。あちらは飲み物のお店、うちは洋菓子店よ。関係ないでしょ」

「そんなことないよ。あの店主さん、すごいやり手かもしれない。お客さんにぐいぐい飲み物をすすめてたし、現に今はあのお店の前に人だかりができて、うちのお店にはお客さんが来てないじゃない」

「萌、考えすぎ。スイーツ・プリンスとは違うんだから、変にライバル視したりしないのよ。わかった？」

「でも……」

「でも、じゃありません。ほら、お客さんがいらっしゃるわよ」

母親にたしなめられて、萌はしかたなく口を閉じた。

翌日の日曜日の午後にもジンジャーでは呼び込みと試飲サービスが行われていた。ドリンクスタンドの前には人が集まっていて、萌はどうしても客の流れが気になってしまう。

月曜日の昼休み、萌はあおいに週末の出来事を伝えた。

「そんなに気になるなら、もう少しお店に通って情報を集めてみる？」

「うーん、でもドリンクの値段を考えるとお財布的にはちょっと厳しいよ」

「そうだよね。ホットスムージーなんて500円超えてたもんね」

「うん。それに私も別にあのお店の人が嫌いとかそういうわけじゃないの。お客さんの流れが変わっちゃうのが心配っていうか……」

「じゃあ、いっそのこと一緒になにかしてみたらいいんじゃない。コラボとか？」

「え？　コラボ？」

「うん。昨日テレビで見たよ。同じ地域にあるライバル店のラーメン屋さんと餃子屋さんがコラボでメニューを開発して、両方のお店とも売り上げがアップしたっていうニュースがあったの。ベル洋菓子店とドリンクスタンドはライバルじゃないけど、同じ食べ物を扱っているお店どうしだからなにかできるかもしれないじゃない」

「えー、そんなにうまくいくのかな？　うちのお店だけ損することにならないかな」

萌は疑心暗鬼だ。

「まあ、コラボっていうのは一つの例だよ。そうだ、ジョージさんに相談してみたらなにかいいアイデアが浮かぶかもしれないよ」

「あ、そうだね！　じゃあ明日、太宰堂に行こうよ」

「うん、いいよ！」

萌は、家に帰ったら自分でもコラボについてちゃんと調べてみようと思った。

協力すればwin-winの効果がある？

放課後、あおいと待ち合わせていた昇降口へ向かうと、すでにあおいが待っていた。そのとき、あおいが鼻歌をうたっているのがかすかに聞こえた。

「あおい！　それT-パープルの曲だよね⁉」

「萌がしょっちゅうフンフンうたってるから覚えちゃったよ」

あおいが言うには、萌はなにかするときよく鼻歌をうたっているそうだ。学校の行き帰りに歩いているときや、試験勉強しているときですら小さな声でうたっていることがあったらしい。いつも一緒にいるおかげで、その歌が耳に残ってしまったのだ。

「えへへ、私、無意識にうたってたんだね」

「萌の鼻歌を何回も聴いてるうちに覚えちゃったんだよね。それで私もついうたっちゃったのかも」

「耳コピしたんだ。さすが合唱部！」

太宰堂のドアを開けるといつものように挨拶しながら店内に入る。平日の夕方は相変わらずお客さんが少ない。というか、今はだれもいないようだ。

最近のジョージは二人が訪ねるたび、レジカウンターで立ったままノートパソコンで原稿を書いている。〝ジョージさん、こんにちは〟と声をかけると顔を上げた。

「いらっしゃい」

「ジョージさん、執筆のおじゃまじゃないですか？」

「大丈夫。ちょっと気分転換したいところだったからね。さ、奥へどうぞ」

「さて、今日はマジックかな？　それとも本を買いに来たのかな？」

「実はまた相談したいことがあるんだけど、いいですか？」

「ほお。ベル洋菓子店の新作ケーキの評判がよかったことは僕の耳にも入っているよ。あの贅沢ショコラケーキは本当に絶品だったからね。それに〝マジックのお姉さん〟が小さい子たちにとても人気だったたって話も聞いたよ」

ジョージの言葉に萌は照れくさそうにお礼を言った。

「それで、なにかあったのかな？」

「スイーツ・プリンスが出店して一時はどうなるかと思ったけど、今はまだ大きな影響はないみたいでホッとしていたのに、またちょっと気になることがあって」

「気になること？」

「うん。ジョージさんも同じ商店街だから、うちの路地をはさんだお隣にドリンクスタンドが新しくオープンしたことは知ってるよね？」

「そういえばそんな話を聞いたね。僕はまだ行ってないけど」

「お店の名前は〝ジンジャー〟っていうの。生姜が入ったホットレモネードとかスムージーとか売ってるお店だよ。オープンしたばっかりだから宣伝のために呼び込みしながら無料で飲み物をサービスして配ってるんだけど、そこの女性の店主さんがすごくやり手っぽくてね。ぐいぐいお客さんを呼び込んでいて、そのせいでうちのお店に来るはずのお客さんの流れが変わって影響が出ちゃうんじゃないかって急に不安になったの」

「ふーむ、なるほどね。それで、ベル洋菓子店の売り上げに変化があったのかな？」

「ううん。今のところないってお母さんが言ってた。お父さんにもスイプリみたいに変にライバル視しちゃダメだって言われてる。でも、これからどう影響が出るかわからないじゃない。だからちょっと心配なんだ」

「ふむ。それで、萌さんはどうしたいの？」

「私もケンカしたり敵視したりする気はぜんぜんないよ。それで、昨日そのことをあおいに話したとき、近所のお店どうしでコラボしたっていうニュースのことを聞いたの」

「萌、コラボの話はただの思いつきだよ。テレビで見たことを言っただけなんだから」

あおいは自分が萌をたきつけてしまったのではないかと不安になった。

「うん。でも、私もそれはいい考えかもしれないって思ったの。それでコラボできるかどうか自分でもちょっと調べてみたんだ」

「コラボねぇ……」

ジョージは腕組みしながら少し考えた。

「萌さん、なにかアイデアを考えてみたのかい？」

「うん。できるかどうかわからないけど、アイデアをジョージさんに聞いて欲しくて」

「わかった。話してみて」

「うちは洋菓子店で、あちらはドリンクを出すお店だから組み合わせるにはいいと思うんだ。例えば、共通のテーマとか同じフルーツを使ったものを一つずつキャンペーン商品にするの。できれば同じくらいの値段でね。そのコラボ商品をそれぞれのお店でキャンペーン期間中に売り出すの。そしてお互いの店で宣伝したり、案内を出したりすれば注目が集まるでしょ。それにもしコラボ企画がうまくいったら、うちのお店にもドリンクスタンドにも両方にメリットがあるんじゃないかって考えたの」

ジョージはフムフムとうなずきながら聞いている。萌はさらに続けた。

「このコラボキャンペーンをSNSでも告知したり、商店街にも案内を出したりすれば両方のお店の宣伝にもなるでしょ。それからスイプリみたいにコラボ企画のスタンプカードをつくって、スタンプがたまったら商品を一つ無料でサービスするの。キャンペーン期間中に店に通ってもらうきっかけになるでしょ。ジョージさん、どう思う？」

「いろいろ考えたんだね。行動経済学的に見てもお互いの店で盛り立て合うのは注目を引くしいいアイデアだと思うよ」

「でしょ！　いいと思うよね？」

「そうだね、それに他店と協力し合うのは商店街のお店どうしのつながりを深めることにもなる。双方の宣伝になったり、売り上げアップにつながったりすれば、いわゆるwin-winの効果があるかもしれない」

「ういんういんの効果ってなに？」

「win は、英語で勝利という意味だよ。この場合はどちらも勝利する、つまり両方のお店にメリットがあるということだよ」

ジョージは英語のスペルをメモ用紙に書きながら説明した。

「そう、それ！　私が期待しているのはまさにそういうこと！」

「今、萌さんが言ったように両方の店でコラボキャンペーンを行っていることがわかるような宣伝をすれば、注目を集めるからセイリアンスの効果がある。なにしろ人は目立つものに引かれるものだからね。商店街に活気が出てくればお客さんも楽しくなって、集客につながりやすい。お店どうしの距離も近いから、ついでにお隣にも行ってみようと思う人も出てくるかもね」

「じゃあ、キャンペーンをやっていることがわかるように、例えばのぼりみたいなものを目印にするのもアリかな？」

「いいんじゃないかな。目立つ仕掛けは必要だし。二つの店に〝コラボキャンペーン中〟みたいなのぼりが立っていれば目につくよね」

「よし。じゃあ、のぼりの準備も考えなくちゃ」

「それからスタンプカードもいいと思う。前に話したスイーツ・プリンスのスタンプカードみたいに〝目標勾配効果〟（↓159ページ）を期待して、最初に二つくらいスタンプをおまけしておくといいだろうね」

「それは私も考えたの。スタンプをためやすくしておいたら、キャンペーン期間中に何度も通ってもらえるかもって」

「確か、以前にも商店街でコラボ企画の前例があるから、ドリンクスタンドの店主にも提案しやすくなるかもしれないね」

「萌、具体的にコラボ商品のアイデアがあるの？」

あおいもコラボ企画が楽しみになってきたようだ。

「あるよ。この前、あおいと飲んだホットジンジャーレモネードで思いついたんだけど、うちはジンジャーケーキとジンジャークッキーがいいんじゃないかって思ったの。ドリンクスタンドの売りの〝生姜〟を使った商品なら向こうのお店とのコラボらしさがあるって思ったの」

「いいね、ジンジャーケーキ。僕も大好きなんだよな」

最初は漠然としたアイデアだったが、こうしてジョージに話しているうちに萌はコラボ企画をぜひやってみたいという思いが強くなってきた。

「なんだかがぜんやる気がわいてきた！」

「それにしても、萌さんはお店の手伝いをがんばっているよね」

「だって、大事な〝推し活〟のためだし、今年はライブに行くっていう最大の目標があるんだもん。力が入るよ」

「萌、そこだけはブレないよね」

するとジョージが〝でもね〟と付け加えた。

「コラボ企画を進めるには両方のお店が納得して、互いに採算が取れるようにすることが基本だからね。実施するかどうかは萌さんのお父さんと、そのドリンクスタンドの店主が決めることだから、そこは忘れないようにね」

「うん。それはちゃんとわかってるよ。だからまずはお父さんに話して決めてもらう。ダメなら今回は諦めることにする」

*

萌はその日の夜、コラボ企画のアイデアを両親に話してみることにした。リビングに行くと、父親は遅い夕飯を食べ終わったところだ。

「お父さん、あのね、ちょっと聞いて欲しい話があるんだ」

「お、なにか欲しいものがあるのか？」

「違うよ。今は自分でお小遣いを貯めることにしているから、できるだけおねだりはしないよ。そうじゃなくて、お店のコラボ企画のこと」

「コラボ企画？」

「萌、そのために太宰堂さんに行ってたの？　……この時期はバレンタインデーのケーキの準備も始まるし、また忙しくなるからお父さんに無理な頼みごとしないでよね」

さっそく母親に牽制（けんせい）されてしまった。

「う〜ん、でも聞くだけでも聞いてよ」

萌はジョージに話したことを思い出しながら、ドリンクスタンド〝ジンジャー〟がオー

プンしたことでお客さんの流れが変わって、それがベル洋菓子店に影響するかもしれないと不安に思っていることを父親に伝えた。

ただ、ライバル視したり競争したりするようなことはしたくない。

そこで、お店どうしがコラボしてなにかキャンペーンができないか考えたことを話した。そうすれば両方の店にとってメリットになるのではないかと父親に提案した。

「つまり、萌はうちの店とジンジャーさんでなにか一緒に企画してキャンペーンをしたら、両方の店の売り上げアップにつながるって考えたわけだ」

「うん、そうだよ。このアイデア、お父さんはどう思う？」

「そうだな……。コラボ企画となると相手のお店があることだから、そう簡単に話は進まないぞ。あちらが嫌だと言えばそれまでだし」

「それもちゃんとわかっているよ。だから、提案してみたらどうかなって思ったんだ」

萌はジョージから聞いたセイリアンスによる宣伝効果や、スタンプカードのアイデアも説明した。さらに、ベル洋菓子店の企画商品としてジンジャーケーキとジンジャークッキーがいいと考えていることも伝えた。

「萌、お父さんもそれはいいアイデアだと思うよ。ただ、もうちょっと考えてみたいんだけどいい？」

「もちろん。もし、実現したら売り上げアップを目指してがんばる！」

「そうなったら頼むよ。じゃあ、おやすみ」

萌は〝やった〟と小さくガッツポーズすると部屋に戻った。

＊

萌が父親にコラボ企画を提案してから数日が経過した。ある日の夕方、店の営業時間の終わりごろドリンクスタンド・ジンジャーの女性店主が店にやってきた。

「いらっしゃいませ」

萌が挨拶すると、すぐに母親が〝どうぞこちらへ〟と招き入れた。

「萌、お父さんに遠藤さんがいらっしゃったって伝えてきて」

母親はそう言うと女性店主を2階へ案内していった。どうやら父親と約束しているようだった。萌はうなずくと父親を呼びに厨房へ向かう。

「お父さん、ジンジャーの店主さんが来たよ」

父親はうなずくと、ノートを手に階段を上がっていった。

閉店の時間になり、萌が店の後片付けを始めていると母親が戻ってきた。

「お母さん。ジンジャーの店主さん、お父さんとなんの話？　コラボ企画のこと？」

「そうよ。萌が考えたコラボ企画を商店街の会合でみんなに聞いてみたら、〝ぜひ、やっ

たほうがいい〟ってことになって」

「そうなんだ。よかった！」

「よかったわね、萌。遠藤さんも乗り気みたいだったよ」

その答えを聞いた萌は小さな声で〝よし！〟とつぶやく。

父親をたくさん手伝って、売り上げアップに貢献しなくちゃと萌は決意を固めた。

しばらくすると、父親との打ち合わせを終えた遠藤さんが〝よろしくお願いします〟と挨拶してご機嫌な様子で帰っていった。

萌は父親に話を聞きたくてうずうずしている。

「お父さん、コラボ企画をやることになったんでしょ？」

「そうだよ。うちの店は萌が考えたジンジャーケーキとジンジャークッキーでいくことになったよ。あちらはホットジンジャーレモネードとジンジャーミルクティに決まった。寒い時期だし、体が温まる生姜のメニューがいいだろうってことになったんだ。スタンプカードは開催期間が短いから8個ためればOKということにしたよ」

「うわ、あれこれ決まったんだね」

「うん。それと商店街で前回使った〝キャンペーン期間中〟って書かれたのぼりを貸してもらえることになったし、準備費用は少なくて済みそうだな」

「よかったわね、話がまとまって」

母親も話し合いがスムーズに進んでホッとしているようだ。

「それと、太宰堂さんからもアドバイスをいただいていたんだ。商店街のお店どうしが協力し合う企画はこれまでもやっているから、ぜひ参加しませんかとお誘いすれば、きっと乗り気になるだろうって」

「え、ジョージさんと話したの？」

「萌がこの前、相談に行っただろう。それでお父さんから電話してお礼を言ったんだよ。そのときちょっとアドバイスしてくださったのさ」

「そうだったんだ。それで、いつから始まるの？　期間は何日間？」

「バレンタインデーがひと段落したあと、3月の初めから約2週間やることになったよ」

「よかったー。そのころなら私も期末試験が終わったあとだし、バッチリお手伝いできる」

「ははは、そうか。じゃあ、しっかりお手伝いを頼むよ」

「了解！」

萌はおどけて敬礼すると元気よく返事した。

＊

2月に入った最初の週末、萌とあおいは太宰堂へ向かっていた。

萌は父親に渡されたケーキの入った包みを持っている。中身はバレンタインデー期間中に売り出す予定のケーキだ。コラボ企画の相談にのってもらったお礼を届けるように父親から頼まれたのだ。

「萌、コラボ企画が決まってよかったね。お手伝いがんばれば、きっとライブチケット代が貯まるよ」

「うん、そのつもり。といってもまだライブに行ってもいいってお許しも出てないし、なによりチケットが手に入るかもわからないよ」

「ま、それは運しだいだね。チケットの競争率高いんでしょ？」

「そりゃあね。私にしてみれば宝くじみたいなものだよ」

「当たるといいねー」

そう言いながら、あおいは〝一緒にライブに行こうか〟という言葉をのみ込んだ。

萌の影響もあって最近では頻繁にT-パープルの曲を聴いている。妙に耳に残るリズムで、頭の中で同じ曲が1日中グルグルと回っていることがある。萌にT-パープルに興味がわいてきたと伝えようかと迷っているところだ。きっと萌は大はしゃぎで〝沼〟に引きずり込もうとするだろうなぁ、などと思っているうちに太宰堂に着いた。

「こんにちは」

二人は挨拶しながら店内に入った。ジョージはこのところずっとノートパソコンで執筆していたが、今日はレジ前で座って本を読んでいた。二人に気がつくと、メガネをクイッと上げた。

「いらっしゃい」

「ジョージさん、もしかして原稿を書き終わったんですか？」

あおいが聞くと、ジョージはホッとしたような笑顔になった。

「おかげさまで書き上げたよ」

「よかったね、ジョージさん！　お疲れさま！」

「ありがとう。二人に協力してもらったおかげだよ。本当に助かったよ」

「そんなことない。ジョージさんにたくさんいろんなこと教えてもらえて、すごく勉強になったし、私なんてお小遣いを貯める方法もいっぱい教えてもらったもん」

「そう言ってもらえると、うれしいよ」

「そうだ。ジョージさん。これうちのお父さんからコラボ企画の件でアドバイスしてくれたお礼だって。食べてね」

萌はケーキの包みをジョージに差し出した。

「え、いやそんな、お礼をもらうような特別なことはしてないよ……」

「いいから受け取ってよ。ジョージさん、これ絶対好きなはずだよ。バレンタイン用のフ

ォンダンショコラ。食べる直前に電子レンジで20秒くらい温めてね。割ったら中からフランボワーズの赤いソースがトロッと溶けて出てくるんだ。きっと好きな味だよ」

「うわ……、それを聞いてしまったら断れないよぉ。すごくおいしそうだね」

「ふふふ、そうでしょ。遠慮しないで受け取ってください」

「ありがとう。お父さんにもお礼を伝えておいてくれるかい」

「はーい。あ、それ、冷蔵庫にしまっておいたほうがいいよ」

ジョージは明らかにうれしそうにケーキの包みを抱えると、レジカウンター奥の部屋に入っていった。

ジョージが戻ってくると、萌はコラボ企画の詳細を報告した。

「それじゃあ、2店とも生姜を使った商品を出すことになったんだね。どっちもおいしそうだ。萌さん、アイデアを出してみてよかったね」

「でも、そもそもコラボのアイデアはあおいが教えてくれたことだし、それにジョージさんに話を聞いてもらったおかげでお父さんにも話してみようって思えたわけで、私は周りの人に助けてもらったんだなって思っているの」

「萌、すごく大人な発言だね」

あおいがびっくりしたようにつぶやく。

「ほんとだ。この前までお小遣いがなくて大騒ぎしていたのがウソみたいだね」

ジョージが冗談めかして言うと、あおいが吹き出す。

「えー、もっとちゃんと褒めてよー！」

「いや、ほんとに成長したと思うよ」

ジョージに改めて褒められると、萌はうれしくて顔がにやけてしまった。

*

ベル洋菓子店がバレンタインデーに販売した〝赤いフォンダンショコラ〟は大好評だった。電子レンジで温めたケーキにナイフを入れると中からフランボワーズソースがとろけ出るさまをショート動画にしてSNSにアップしたところ、その様子がおいしそうと話題になり、フォンダンショコラを買い求める人がいきなり増えたのだ。バレンタインデーの前後3日間の限定商品だったこともさらに人気を高めたようだ。

萌はジョージの受け売りながら、父親に〝3日間限定〟にしたことによって行動経済学でいう〝損失回避〟という効果があり、そのこともフォンダンショコラの人気につながった可能性があることを得意げに話して聞かせた。

「萌、すごいね。そういうことを太宰堂さんに教えてもらっていたのかい？」

「そうだよ。でも、私はもともとお小遣いをどうにか増やしたくて、その方法を質問して

いたらジョージさんがいろんなことを教えてくれたの。それに、私よりあおいのほうがもっと興味をもってたくさん勉強してるんだよ」

「そういういい機会は滅多にないことだから、太宰堂さんに感謝しないといけないよ」

「うん。すっごく感謝してるよ」

「さて。それじゃあ、萌の期末試験も終わったことだし、ジンジャーさんとのコラボ企画を手伝ってもらおうかな」

「もちろん！」

　萌は父親が商店街組合の備品から借りてきたのぼりをジンジャーの店主に届けに行ったり、スタンプカードの準備を手伝ったりした。コラボキャンペーンを知らせる張り紙も用意しなくてはならない。父親は期間中に売り出すジンジャーケーキとジンジャークッキーの製造に取りかかっていた。

　コラボキャンペーンが始まると、ふだんよりもお客さんが増えた。ドリンクスタンドで買い物した人がベル洋菓子店にも来てくれたり、その逆もあったようだ。

　ジンジャーケーキやジンジャークッキーだけでなく、焼き菓子やケーキの売れ行きにもうれしい変化があった。萌は連日焼き菓子の個数をチェックし、補充するのが楽しみだった。焼き菓子の売れ行きがよければ、お駄賃が増えることにつながるからだ。

　ドリンクスタンドのほうも順調だと店主が報告してきた。オープンしたばかりだったが、お店を知ってもらうことができたと喜んでいた。

　こうして約2週間のコラボキャンペーンは両店とも成功のうちに終えることができた。

＊

　萌とあおいはジョージが原稿を書き上げたあともたびたび太宰堂に足を運んでいた。今日はあおいが本を買うのにつき合ってやってきた。いつものように挨拶しながら店内に入ると、ジョージはレジ前に座って本を読んでいた。二人に気づくと、メガネをクイッと上げて迎えてくれた。

「二人ともいらっしゃい。いいところへ来てくれたね。ちょうどお知らせしたいことがあったんだ。４月の第2週あたり、二人で来てくれないかな？」

「新学期が始まったあとだよね。うん、部活のない日ならいいよ。あおいは？」

「私も大丈夫だと思う」

「よかった。二人に渡したいものがあるからぜひ来て欲しいんだ」

　萌が〝なんだろう〟と不思議そうな顔をしていると、あおいがハッとした。

「もしかして、本が完成するんですか？」

　あおいが目を輝かせて言った。

「当たり。4月下旬に発売が決まったんだ。そこで、お世話になった二人には僕からプレゼントしたいと思ってね」

萌とあおいは、〝おめでとうございます！〟と言いながら拍手した。ジョージは〝ありがとう〟と少し照れている。どんな本になるのだろうと二人はワクワクした。

その帰り道、あおいは少し興奮ぎみだった。

「ジョージさんの本、楽しみだなー」

「うん。といっても、私が読んで理解できるかはわかんないけど」

「そんなことないよ。萌もお店の手伝いをしながら行動経済学のことを勉強したじゃない。読んだらきっとおもしろいって思うはずだよ」

「そうかなー。でも、ちゃんと読むよ。ジョージさんがいなかったらお小遣いもろくに貯められなかったし、お店の手伝いだってあんなにがんばれなかったと思う」

「そうだよね。萌はたくさん影響受けたよね」

「うん。おかげでライブチケット代だってもう少しでメドがつきそうなんだよ」

「すごいじゃない！　やったね」

そのとき、萌はひらめいた。

あおいが一緒なら両親はライブ行きを許してくれるかもしれない。悔しいけれど、萌よりもあおいの信用度のほうが断然高い。特に母親はあおいを大いに信頼している。ここはひとつあおいに頼んでみることにした。

「ねえ、あおい。お願いがあるんだけど」

「いきなりなに？」

「うん、あのね、一緒にT-パープルのライブに行って欲しいんだ。チケット代は高くてちょっと無理だけど、交通費とか食事代は私がなんとかするから。ダメかな……？」

萌の頼みごとを聞いたあおいは、少しびっくりした様子で考え込んでいる。

さらに萌がたたみかける。

「わかってるよ。チケット代だって安くないし、あおいがT-パープルにぜんぜん興味ないのも知ってる。でも、私一人じゃお母さんがライブ行きを許してくれそうにないの。もちろんチケットを買えたときの話だけど、お願いだから一緒にライブに行って!!」

そう言うなり萌は両手を合わせると、あおいを拝み倒した。

一方、あおいはついにそのときが来たとさとった。萌の鼻歌を聴きすぎたせいでうっかりT-パープルの曲を聴くようになり、最近は毎日SNSのチェックまでしている。

いつの間にか推しメンバーまでいると、ついに萌に話すタイミングが来たのだ。

あおいは意を決すると、萌に告白した。

「一緒に行ってもいいよ。新曲もかっこいいし、メンバーのSOUL、結構好きだもん。大人っぽくて知的な感じが素敵だなって……」

それを聞いた萌は口を開けたまましばらくポカンとしていたが、あおいが頬を赤らめている様子を見て察したようだ。

「えー!?　待って、待って。あおいどういうこと？　いつからなのよー!?」

萌の反応はあおいが予想した通りだった。マシンガン並みのツッコミをかわしながら、あおいはしばらくの間、本代を節約してライブのチケット代に回すことを決意した。

人の認知はかたよりだらけ

バイアス

バイアスとは、データのかたより、先入観、偏向のこと。行動経済学では、多くの人が認知をしたり、意思決定をしたりするときに陥りがちな間違いやエラーを指す。パターンがあるので、ある程度は予測や対処が可能。

さまざまなシーンで見られるバイアス

確証バイアス

なにかを検証・判断するときに、自分の意見と矛盾しない情報を優先的に探そうとする心理。その結果、反対意見や第三者の情報が軽視され、自分の間違いを見落としやすくなる。

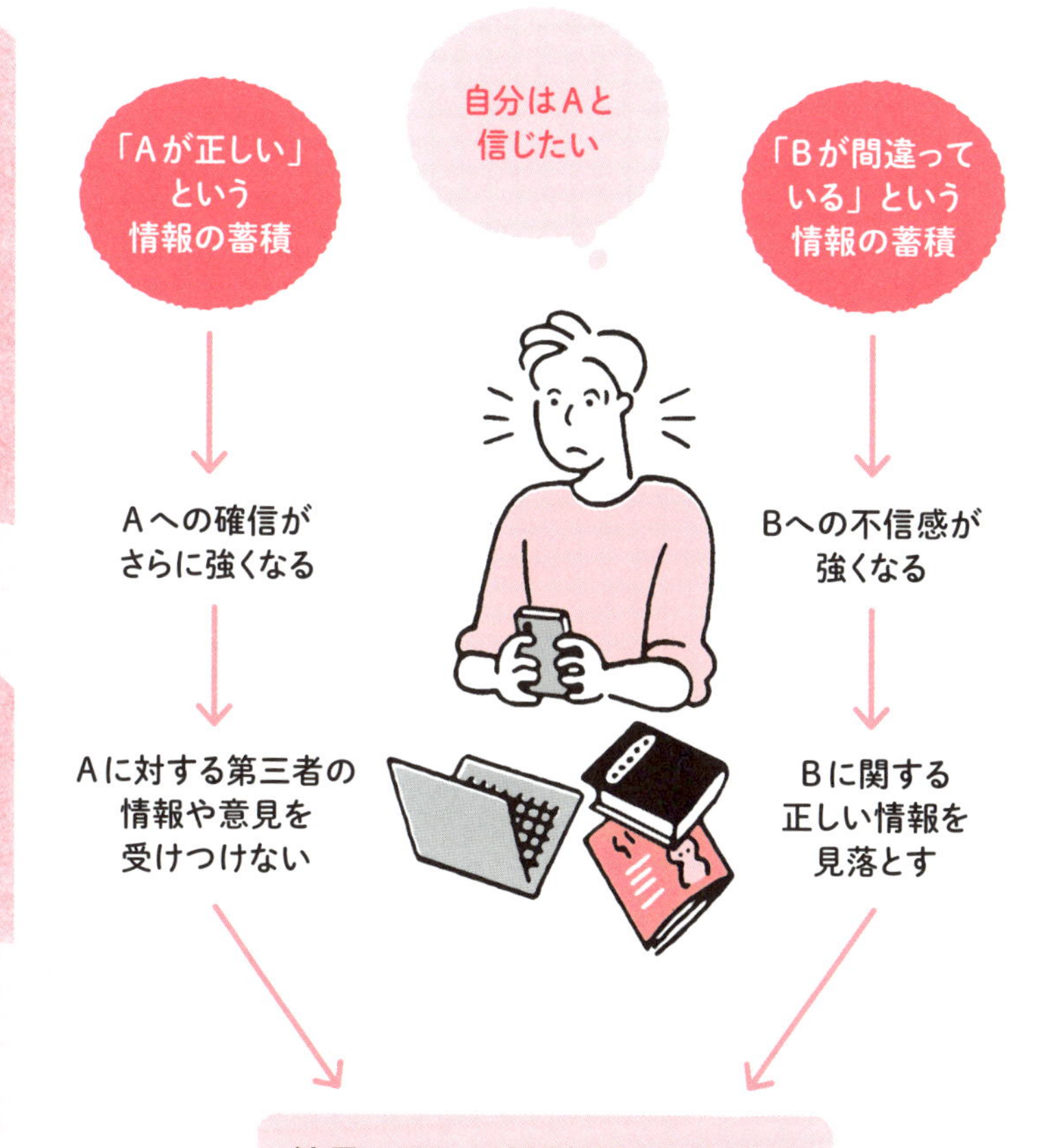

投影バイアス

現在の状況が今後も続くように考えてしまう心理。将来の予測を見誤る原因となる。例：空腹のときに買い物に行くと、空腹がずっと続くかのように思い込み、ついお菓子とか食材とか余計なものを買いすぎてしまうことがある。

希少性バイアス

“手に入りにくい”と思ったものに魅力を感じやすく、実際よりも価値が高く感じられる心理現象。

現状維持バイアス

好ましくないことであっても“いつも通り”であれば、そのまま継続してしまう心理。例：動画配信の初月無料サービスに登録→あまり利用していなくても、“見られなくなる”ことを躊躇(ちゅうちょ)して継続してしまう。

他にもこんなバイアスがある

自信過剰バイアス

自分の能力や判断を過信しやすい心理。例：フィットネスジムの契約などで、将来的に通う回数を過信している→より高額なプランに加入してしまう。

帰属バイアス

ものごとを評価するときなどに、直接関係ない要因が過度に影響してしまう心理。例：訪れたときに雨が降っていた→テーマパーク自体の満足度が低くなりやすい。

6章

行動経済学って
お金の話だけじゃない？

〝だれかのため〟がうれしいのはなぜ？

Keyword 社会的選好、利他性、互酬性

春休みのある日、お店の手伝いを終えて自室に戻った萌は、スマホでSNSをチェックしていた。すると気になるニュースがあった。数日前、海外で大きな地震に見舞われた地域がある。その支援のための募金活動のようだ。

萌が気になったのは、それが大好きなT－パープルが参加したクラウドファンディングだったからだ。

クラウドファンディングのアプリで確認すると、金額に応じてT－パープルのグッズやサイン入りの写真などがもらえる仕組みになっていた。寄付額を見てみると1万円から5万円と非常に高額で、RJのグッズが欲しいとはいえ、萌にはとうてい無理な金額だった。しかも一番高値の5万円のものが完売となっている。リターン、つまり返礼品が目当ての人が多いのはわかっているが、高額寄付をする人の多さに驚いた。

萌はアプリを閉じると、あおいに〝T－パープルのクラウドファンディング見た？〟とメッセージを送った。

あおいもT－パープルのSOULを推していることが発覚して以降、二人はあれこれ情

報交換をして盛り上がっていた。そのせいか、すぐに返信があった。〝見た。5万円のコース！〟と、あおいもやはりびっくりしたようだ。

〝すごいね〟などとメッセージをやりとりしているうちに、あおいがクラウドファンディングについてジョージに教えて欲しいことがあると言い出したため、二人は太宰堂を訪ねることにした。

＊

翌日、萌とあおいは太宰堂へ向かった。平日の午後はお客さんが少なく、訪ねたときもジョージはレジ前に座って本を読んでいた。

二人に気づくとパタンと本を閉じて、〝いらっしゃい〟と迎えてくれた。

「ジョージさん、今日はちょっと教えて欲しいことがあって来たんですけど、いいですか？」

あおいが声をかけると、〝もちろん〟と言って奥の席を指さした。

萌とあおいは、いつものようにテーブル席へ進んだ。

「もう原稿を書き終わったのに、いろいろ聞きに来ちゃってすみません」

あおいが申し訳なさそうに言う。

「ぜんぜんかまわないよ。僕でわかることなら話を聞くから、これまで通りいつでもどうぞ」

「ありがとうございます！　今日はクラウドファンディングとか寄付について知りたいことがあって来たんです」

　あおいがさっそく切り出した。

「クラウドファンディングか……。どんなことが知りたいのかな？」

「昨日、SNSでチャリティのためにT-パープルがクラウドファンディングに協力をしているっていう情報を見つけたんです。それによると返礼品があるとはいえ1万円とか3万円の寄付がバンバン集まっていて、一番高いものは5万円もするのにそれがすでに完売になっていたんです」

「なるほどね……。アイドルのグッズが手に入るとなると、高額でも寄付したいという人が多いと思うよ。まぁ、大半はファンだろうけどね」

「私と萌も被災地のために寄付したくてもそんなにお小遣いがないから、さっき商店街の募金箱に少しだけお金を入れることくらいしかできなかったんだけど、こういう寄付とかクラウドファンディングにも行動経済学のなにか仕掛けのようなものがあるのかなって思ったんです。だってやり方によってはすごい金額を集めることができるでしょ」

「クラウドファンディングにもいろいろな種類があるから、ひとまとめに説明するのはむ

ずかしいけどね。でも目標金額が提示されていたり、いつまでに達成したいという期限が設けられていたりするものなんかは、進捗（しんちょく）状況が見えたりするから目標勾配効果によってある種のイベント、お祭り的な要素があってお金を出す人もいるかもしれないね」

「あ、そういうのもネットで見たことあるよ。あともうちょっとで達成できそうだってわかると、募金したくなるよね」

「それにしても、高額の寄付があれだけすぐに集まるってすごいですよね」

「そうだね。それに、寄付やこうしたクラウドファンディングには仕掛けというか、人の〝思いやり〟の気持ちを刺激する要素もあったりするんだよ」

「寄付したくなるようにする仕組みってことですか？」

「そうだよ。〝**社会的選好**〟というんだ」

ジョージはポケットからペンとメモ用紙を取り出すと、いつものように二人に用語を書いて見せてくれた。

「あ、久しぶりにジョージさんの授業だ！」

萌が言うと、あおいもうれしそうに身を乗り出した。

「ジョージさん、よろしくお願いします」

〝了解〟と言って、ジョージは少し考えると解説を始めた。

「人が満足を感じるのは、なにも自分自身に直接利益や得がある場合だけじゃない。他人が満足したことによっても、幸せを覚えることがある。こうした心の仕組みや心の動きを〝社会的選好〟というんだ」

「他人の満足感……？　自分じゃなくて？」

「そう、今回の場合は自分たちが返礼品をもらえて得することだけじゃなくて、被災した人たちに支援が届くことだね」

「あ、そういうことか」

「今回のように寄付やクラウドファンディングで集めた支援金が届けられたり、あるいはボランティアとして労働力を提供したりすることによって相手が喜んでくれると、それによって自分自身もうれしいとか、よかったと感じて満足感を得られる。君たちもさっき少ないお小遣いの中から商店街の募金箱にお金を入れてきたって言ったよね。それも〝社会的選好〟によるものなんだ」

「確かに。だれかの助けになれば、私もうれしいって思います」

「そうだね。こんなふうに他人の満足感が自分自身の満足感につながる理由としては、**〝利他性〟**とか**〝互酬性（ごしゅうせい）〟**とかいろいろな心理の影響が考えられるんだ」

ジョージは、〝ちょっとむずかしい漢字だけどね〟と言いながら、新たに登場した用語をメモ用紙に書いて二人に示した。

「利他性というのは、簡単に言えばだれかが満足することで自分自身も満足だと思う心理

だよ。ただ、利他性には二つのパターンがある。だれかがうれしいことがそのまま自分のうれしさや喜びになるという〝純粋な利他性〟と、だれかを喜ばせたとき、自分がその施しを与えたようでうれしい、つまり自分が思いやりのある利他的な人間だと思われることに喜びを感じるパターンだね。これを〝ウォームグロー〟というんだよ」

「あ、そういう人もいそう。〝いい人アピール〟っていうか、ちょっと計算高い感じもするけど」

「まあでも、私たちだって〝いい人〟だって思われたいところはちょっとあるかもしれないよね」

あおいに言われて、萌は〝うん、それはあるね〟とうなずいた。

「そして、もう一つの〝互酬性〟というのは、だれかを喜ばせれば自分自身にもなにかいいことが返ってくるかもしれないと期待をする気持ちのことだよ。ただ、今回のように海外へのチャリティとか寄付だと直接的な見返りは期待しづらいから、互酬性が働いたというわけではないかもしれないね」

「私たちがSNSで見たクラウドファンディングでは、T-パープルのグッズがお礼の品物になっていたんですけど、こういうリターンが寄付をする行動に影響することってあるんですか？」

「それは大いにあるだろうね。特にそのアイドルのファンたちは、大好きなグッズを手に入れられるわけだからね。それに、熱烈なファンとはいってもふつう高額の出費は経済的には大きな抵抗があるものだよね。単純に高いわけだし、だれかから〝そんなものにお金を使っちゃって〟なんてバカにされるかもしれない。でも、それが〝困っている人を助ける〟という大義名分というか名目があれば、それを言い訳にしやすい。社会貢献をするべきという意識が世間的にも強くあると、〝思いやり〟のある行動が刺激されるというわけだよ。寄付や募金にはそうした社会的なプレッシャーも利いてくるんだ。前に説明した〝社会規範〟みたいなことだね」

「それってつまり、単に高い推しグッズを買うのはちょっと気がひけるけど、寄付だという言い訳があると高くてもOKって思えちゃうってことですか?」

「そうかもしれないってことだよ。きっと萌さんならその気持ちがよくわかるよね?」

ジョージに促されて、萌は首をブンブンと縦に振った。

「うん。すっごくよくわかる! でも私の場合、お小遣いがぜんぜん足りないから高額な寄付なんてしたくてもできないよ」

「それに、私たち今はライブのチケット代を貯めている最中なんです」

「〝私たち〟ということは、あおいさんもライブに一緒に行くことにしたんだね?」

「そうだ、ジョージさん聞いてよ! あおいったら、いつの間にかT-パープルのSOULのこと推してたのにずっと内緒にしてたんだよ」

それを聞いたジョージがニコニコしながらあおいに言った。

「萌さんにT－パープルに興味があるってことを話したんだね？」

「はい。おかげでものすごく質問攻めにされましたけど」

ジョージとあおいがにこやかに話しているのを見て、萌が口をとがらせる。

「二人してなんなのよー！」

「はいはい、あとでちゃんと理由を教えてあげるから」

ブツブツと文句を言っている萌をやりすごしながら、あおいは〝ほら、もう帰るよ〟と萌の背中を押して店を出た。

目標達成の先にあるものは？

Keyword リバタリアン・パターナリズム

春休みが終わり、萌とあおいは2年生に進級した。その週末、二人はジョージとの約束通り太宰堂を訪ねた。すると表に〝臨時休業〟の張り紙がしてある。

「あれ？　約束した日って今日だったよね？」

萌はあおいに確認した。

「うん。今日の午後2時だったよ。おかしいね……、あ、でもドアが少し開いているからジョージさんがいるかも」

あおいは少し力を入れてドアを押し開けながら、〝こんにちは！〟と大きな声で呼びかけてみた。すると、奥からジョージの声がする。

「いらっしゃい。中へどうぞ！」

その声を聞いた二人は、〝おじゃまします〟と言いながら中へ入った。すぐに電灯がパッとついて店内が明るくなった。

「ごめん、ごめん。さっきまで用事があって出かけていたんだよ」

レジのほうからジョージが現れて、奥のテーブル席をすすめてくれた。

「こんにちは、ジョージさん。今日、すごく楽しみにしていたんですよ」

あおいは早くジョージの本が見たくてうずうずしているようだ。

ジョージは少し照れつつ、本を1冊ずつ二人に手渡した。

萌とあおいは、〝わぁ！〟とうれしそうに声を上げると、両手で本を受け取った。表紙をめくってみると、見返しにはジョージのサインが書かれていた。

「わ！　ジョージさんのサインだ！　私の名前が書いてある。サイン本って初めてもらった。ありがとうございます！」

萌は本を両手で掲げて喜んだ。あおいも〝すごい〟と言いながら、本のページをていね

いにめくっては目を輝かせている。

「ジョージさん、読んだら必ず感想を伝えに来ますね」

「ありがとう。よろしくお願いします」

「私も！　ちゃんと読むからね！」

「うん。ぜひ感想を聞かせてくれるとうれしいよ」

＊

4月半ばの週末、萌にとって運命の日がやってきた。夢にまで見たT-パープルのライブチケットの予約開始日である。倍率が高いことは百も承知、運頼みだ。販売開始時刻になったら素早く手続きをするしかない。萌は母親に頼み込んで予約を手伝ってもらうことにした。

「ねえ、お母さん、チケット当たるよね？」

「競争率高いんでしょ？　あんまり期待しないほうがいいよ」

「えー！　当たるつもりでいるんだけど！」

「それより、本当にあおいちゃんが一緒にライブに行ってくれるの？」

「そうだよ。あおいもT-パープルに推しがいるんだよ」

「本当？　萌が無理やり押しつけたんでしょ〜」

「違うよ。少しは私の影響があるみたいだけど、無理強いはしてないもん」

「あおいちゃんが一緒なら安心だけど。でもまあ、それはチケットが買えたらの話だね」

「だから、絶対買えるし、絶対ライブに行くんだってば！」

そうこうしているうちに発売開始時間が迫ってきたため、パソコンで購入サイトを開いて二人は待ち構えた。時間になると、母親は意外にも慣れた手つきでサクサクと予約のための操作を進めていく。萌はその様子を固唾をのんで見守った。

「これで、よし……。2〜3日で当選したかどうかメールが来るはず」

「ありがとう！　それにしても、お母さんすっごく手慣れてるよね？　もしかして、チケットとかよく買ってたの？」

感嘆の声を上げる萌を尻目に、〝まあね〟と母親は不敵な笑みを浮かべつつキッチンに戻っていった。

そして2日後、チケットの当落を知らせるメールが届いた。なんと見事にライブチケットを2枚確保できたのだ。

萌は喜びを爆発させ、母親に抱きついて感謝した。さっそく母親に購入手続きを済ませてもらうとうれしさが込み上げてくる。

「お母さん、ありがとう‼　やった！　ＲＪだ！　生ＲＪに会える!!!」

「よかったね！　ちゃんと勉強する約束も守るんだよ」

「わかってる！」

萌はすぐにあおいにもメッセージを送って知らせた。

あおいから〝やった！〟とスタンプで返信がきて、しばらくの間、二人はメッセージを何度もやりとりしながら喜びを分かち合った。

萌はこの喜びをジョージにも伝えたいと思った。そこで、萌はあおいを誘って太宰堂に行くことにした。

二人は部活動のない日の放課後、太宰堂を訪ねた。

いつものように挨拶しながら店内に入ると、ジョージはレジ前の椅子に座って今日も本を読んでいた。二人に気づくと、メガネをクイッと上げて立ち上がった。

「いらっしゃい」

「こんにちは！　ジョージさん、ついに私、T－パープルのライブチケットをゲットしたよ！　今日はそのお礼が言いたくて来たの」

萌がいきなり切り出した。

「そうか！　よかった。念願かなったね」

「はい！　ありがとうございます。もう、うれしくてうれしくて。チケット当選のメールが来てからずっと浮かれてるの」

「あおいさんも一緒に行くんだよね？」

「はい。萌ほどじゃないけど、やっぱりライブに行けるのは私もうれしいです」

「今日は、ジョージさんにちゃんとお礼が言いたくて来たの。限定グッズとライブチケットの代金をちゃんと貯められたのは、ジョージさんがお小遣いを貯める方法とかお駄賃を少しでも多くもらえるように売り上げアップのアドバイスをしてくれたおかげです。ありがとうございました！」

「いや、それは萌さんが自分で努力したからだよ」

「でも、ジョージさんのアドバイスがなかったら、きっと相変わらず無駄遣いもしていたし、お店の手伝いだってこんなふうにがんばろうって思わなかったもん」

「役に立てたならうれしいよ」

「本当にありがとうございました。それから、ジョージさんの本、今読んでいるところだよ。私、読むのが遅くてまだ半分くらいだけど、ジョージさんがこれまで教えてくれた用語とか出てきて勉強をし直してる感じかな」

「自分のペースでゆっくり読むといいよ」

すると、あおいがトートバッグからジョージの著書を取り出した。何枚も付箋（ふせん）がついている。それに萌が気づいた。

「あおい、付箋で印をつけてるの？　もしかして、もう全部読んだ？」

「うん。一応読み終えたけど、読み返したい部分に付箋を貼ったの」

それを聞いた萌は〝さすが、あおい〟とつぶやいている。

「あおいさんは熱心だね」

「ほんと、あおいは勉強好きだよね。私、ジョージさんに感想を言えるほどまだ読み込んでないけど、これまでアドバイスしてもらったこととかも書いてあるし、やっぱり行動経済学ってお金の使い方とか儲け方とかに役立つし、便利だな〜って思ったよ」

「便利……か。う〜ん、確かにこれまで萌さんにはお小遣いを増やすためのアドバイスをしたけれど、行動経済学はお金に関連することだけじゃなくて、ほかにも知っておきたい教えや考え方を学べる学問でもあるんだよ」

「え、そうなの？　お金を上手に貯めたり儲けたりするためだと思ってた」

「そういう目的で用いられることが多いけれど、ほかにも社会設計、つまり社会のいろんな仕組みとか制度を考える場合にも応用されているんだよ」

「お金に直接関係しないのに？」

「ある仕組みや制度を考えるとき、たくさんの人が恩恵を受けられるようにしたり、有益であるようにしたりすることは大切だよね」

「そういえば、前に聞いたナッジはそれに当てはまるのかなって思いました」

あおいが本の付箋を貼ったページをめくりながら答えた。

「そうだね。ナッジはその代表的なものと言えるよ。ナッジの例として、アメリカの大手ＩＴ企業の社員食堂の取り組みがよく知られているんだ。社員が満足いくような食堂にするにはおいしくする必要がある。でも、おいしいと食べすぎの原因にもなってしまう。すると健康面ではあまり好ましくない。そこで自発的に健康的なメニューを選べるように工夫したんだよ」

「どうやったの？」

「そこで考えられたのが、デザートコーナーに色とりどりのフルーツをそろえて、真ん中の一番目立つ位置に大きく配置したんだ。そして、ケーキは端のほうにあって、選びたければ選べるようにしておく。そうするとフルーツが目に入るから、フルーツの消費量が増える。一方で、ケーキを置いていないというわけではないから、〝ケーキを食べてはいけない〟と押し付けているわけでもない」

「へえ〜。私、料理を全部ヘルシーなメニューに変えたのかと思ったよ」

萌が意外そうに言った。

「それだと健康的なメニューを社員に押し付けることになってしまうよね。そうじゃなくて自分が食べたいものを選べるようにして、個人の自由な意思を尊重するんだ。一方で、本人のためになる選択が行われるように介入されているのさ。これを**〝リバタリアン・パターナリズム〟**という。リバタリアニズム（自由主義）とパターナリズム（父権主義）と

いう二つの言葉を合わせたもので、ナッジを使ってシステムをつくるときの基本理念とされているんだ」

するとジョージの話を聞きながらあおいが怪訝な顔をしている。

「あおい、なんだか不満そうな顔してる」

「うん……。だって、ナッジって使い方によってはズルいっていうか、うっかり手玉に取られてしまうこともあるのかもって思えてきたの」

「そこなんだよ。あおいさんのように感じる人もいる。ケーキが端っこや後ろ側にあろうが前にあろうが、自分で選択できるようになっているから、本人の自由な意思決定を邪魔しているわけではない。とはいえ、人の非合理な部分、つまりいつも適切な判断をするわけじゃないところとか、うっかりや不注意につけ込みすぎるようなやり方になっているんじゃないかって疑問をもつ人もいるんだ。単純にケーキが見つからなかったからフルーツを選ばざるを得なかった人もいるかもしれないしね」

「そうですよね！　前にジョージさんからナッジの話を聞いたときは、軽くひじでつついて教えてあげるとか、気づくのを助けてあげるみたいな、ちょっとした親切だと思っていたけど、そうとは限らないこともあるんだなって思ったんです」

「でもさ、私たちがナッジを使うことなんてないよね？」

萌は中学生の自分にはあまり関係がないことのように思えてこう言った。

「いや、そうでもないよ。学級会とか生徒会でなにかを決めるときに賛成の人に手を挙げてもらうか、反対の人に手を挙げてもらうかを操作することもナッジの一つだし、そもそもあおいさんがSOULを気に入ったのだって、直接おすすめしたわけではなくても萌さんが影響している。要はだれかのどんな選択だって、だれかからナッジされている側面があるんだよ」

「なるほど……。自分もやってしまうかもしれないし、知らないうちにそういう操作をされている可能性もあるんですね」

あおいが腕組みしながらうなずく。

「うん、それに前に話した募金の例だと、周りの人がいくらくらい寄付しているか、合計金額が書いてあったりするよね。〃周りの人はこれくらい寄付しているんだから、あなたもしないとね〃っていう社会的なプレッシャーをかけている側面もあるよね」

「わかる。周りに合わせなくちゃって、思うよね」

「とにかく、ナッジを使うときには目的や目標を達成するのにこだわりすぎて、人の非合理的なところにつけ込みすぎないようにすることが大事なんだと思う。使い方によっては悪用もできるし、場合によっては人をだますような使い方もできるから君たちもよく気をつけないとね」

「そっか。そういうこと今まで考えたことなかったかも……」

「そして、自分が使うときも注意が必要だよ。人をだますようなナッジではなくて、お互いが幸せになれるように、納得感が得られるように、ナッジを用いるべきだと思うんだ。だから、君たちもナッジを使おうと考えるときにはちょっと立ち止まってみるようにして欲しい」

「うーん、そういう機会があるのかわからないけど、考えるクセをつけるようにしなくちゃね」

「ナッジに限らないけど、行動経済学で明らかにされている方法や理論、バイアスなんかは使い方によって双方にメリットがあるものもあれば、悪用されてしまうこともある。ときには、善意のつもりだったのに相手には不利益になってしまうこともある。行動経済学はただ便利だとか、お金儲けに役立つだけのものじゃなくて、そういういい面も悪い面も両方を追究していく学問だと思って欲しい」

「ジョージさんの本に書いてあった〝迎合型ビジネス※1〟と〝処方箋型ビジネス※2〟の話って、まさにそういうことでしたよね」

「なにそれ？　私、まだ最後まで読んでないからわかんないよ！」

「じゃあ、これは萌さんの宿題ってことにしようか？」

「萌、がんばって本を読み終えなきゃね！」

ジョージとあおいが二人してにっこり微笑む。

※1　人の心理のバイアスにつけ込み、自社の利益になるように展開するビジネス。

※2　バイアスの罠にハマらないようなアドバイスや仕組みを売ることで、顧客と自社の利益になるように展開するビジネス。

「えー！　じゃあ、帰ってすぐに読む。よし、あおい帰ろう」

そう言いながら、萌はあおいの手を引っ張って立ち上がった。

「ジョージさん！　読み終わったらまた来るから、宿題の答え合わせしてね！」

「了解。いつでもどうぞ」

*

5月の大型連休のある日、萌とあおいはT-パープルの曲を口ずさみながら、ライブに持っていく応援のうちわづくりに夢中になっていた。

紫色の厚紙に書き写した「RJ」の文字をハサミで切り取り、バランスをとりながらうちわに貼っていく。

あおいのアイデアで、空いたスペースに黄色のハート形を散らすことにした。

「ライブでうちわを振って応援するのがマジで夢だったんだ～」

「萌、RJと目が合ったらどうする？」

「やばっ！　想像するだけで無理～」

明日は、待ちに待ったライブだ。

完成間近のうちわを満足げにながめながら、萌は、生RJを想像して興奮と緊張が高ま

るのを感じていた。
「思いっきり楽しもうね、あおい！」
「うん！　萌〜、なんかドキドキしてきた〜」

＊

夢のような時間はあっという間に過ぎた。

あおいの父親の迎えを待ちながら、ファストフード店で二人は興奮冷めやらぬままにおしゃべりしている。

「生ＲＪ、かっこよすぎて死ぬかと思ったわ……」

「ＳＯＵＬ、思っていた以上にクールでイケてた〜」

「アンコールのとき、絶対にＲＪと目が合った！」

「私も、ＳＯＵＬと目が合った気がする……」

もはやお互いの発言を聞いていないが、二人はそれで満足だった。

「そういえば、萌が前にＲＪの限定グッズを買うために必死に貯金してたけど、その気持ちがよくわかったよ」

「そうでしょ！　あれもこれも欲しくなるよね!!」

「うん……。もう損失回避とか選択のパラドックスとか言ってる場合じゃないくらい舞い上がっちゃって、買えるものは全部買いたくなっちゃうんだね」

「私の気持ち、わかったでしょ」

「うんやばかった。でもね、すごく迷ったんだけど、予算を抑えめにしてきてよかったよ。危うくお小遣いを全部使い果たしちゃうところだったもん。萌はたくさん買ってたよね。お小遣い、大丈夫？」

「え？　あおいも私と同じくらい買ったんじゃないの？」

「うーん、一応、予算内にはおさめたよ。だってライブはまた次もあるわけだし、上手に配分して使わなくちゃね」

「えー!?」

計画性バッチリのあおいの発言を聞いて、萌はなにも言えなかった。

そして、萌は今回お小遣いのほとんどを注ぎ込んでしまったため、明日からまたお店の手伝いに励むことを決意するのだった。


（終）

社会的選好

従来の経済学では、人が感じる満足感について考えるとき、自分の利益を優先させる自己中心的な人が想定されることが多かった。しかし、行動経済学では、満足感には、自分の利益だけでなく、他人の利益も影響していると考えられている。

利他性

社会的選好の一つ。だれかの喜びがそのまま自分の喜びになるものをいう（純粋な利他性）。また、だれかを喜ばせたことで利他的な人間だと思われることがうれしい、というものもある（ウォームグロー）。

互酬性

社会的選好の一つで、だれかを喜ばせることで、自分にも利益（お返しとなるいいこと）があるかもしれない、と期待する心理現象。

リバタリアン・パターナリズム

ナッジを行うときの思想の一つで、「リバタリアニズム（自由主義）」と「パターナリズム」をかけ合わせた造語。「パターナリズム」とは、親が子どものために時には強制的に選択に介入する“父権主義”を指す。ナッジで人々の選択に介入するときは、本人の自由な意思が損なわれないように設計すべきという発想。例：罰やご褒美を使って自習時間を増やす→自習時間の累積をグラフにして楽しませることで本人の自由意思を尊重しつつ自習時間を増やす。

ほとんどの状況でシステム1が使われる

Point 1

人の認知・判断のクセ

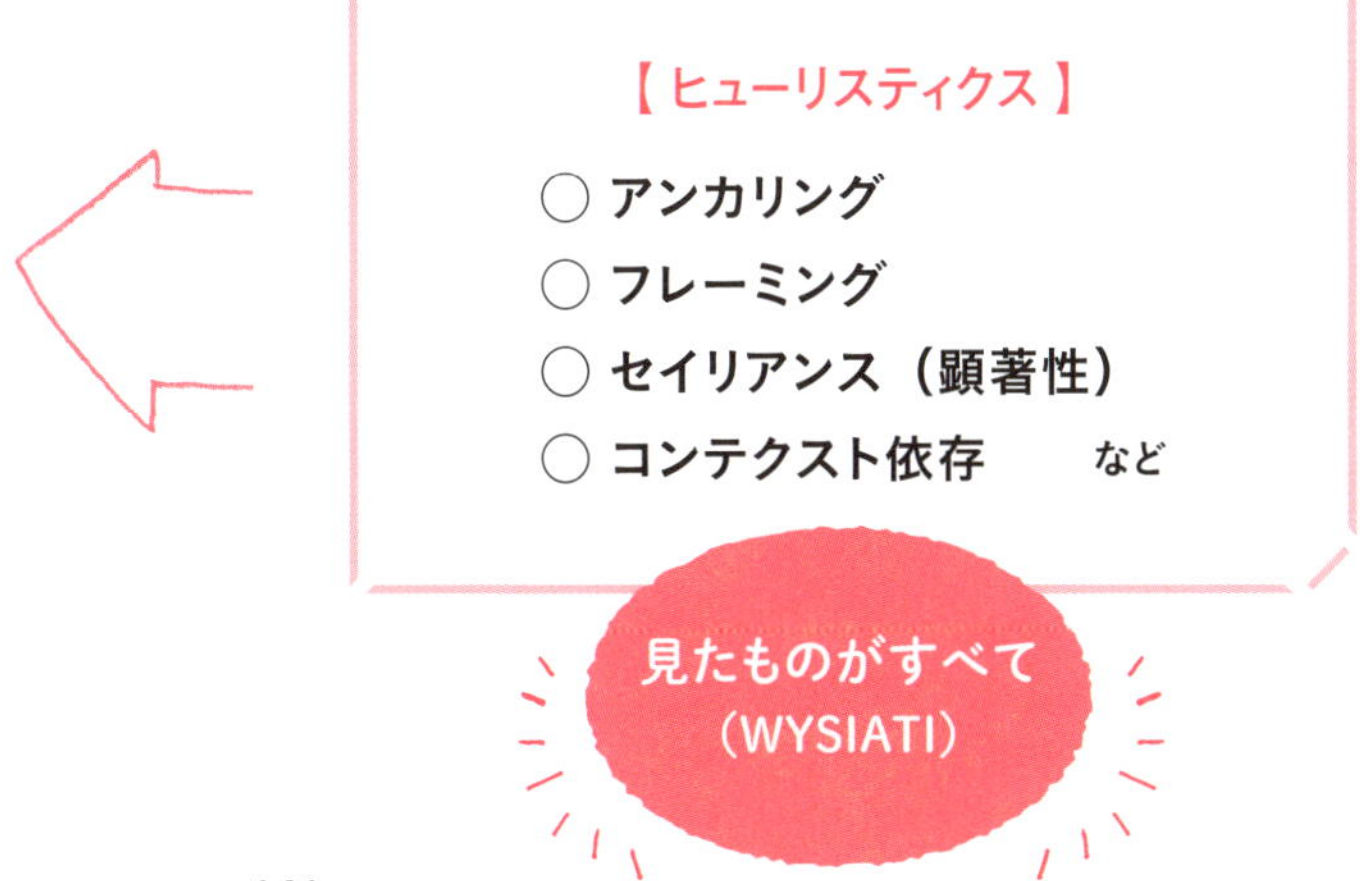

Point 2

不確実な状況での意思決定のクセ

【プロスペクト理論】

◯ 参照点依存
◯ 損失回避　　など

認知・判断のクセが
日々の暮らしや
経済活動に
どう影響する?

人の意思決定のクセを明らかにすることは、"人の選択がどう決まるのか"につながっている。

＼ 心の枠組み ／

◯ 保有効果
◯ サンクコストバイアス
◯ メンタル・アカウンティング　など

＼ バイアス ／

◯ 現在バイアス　◯ 現状維持バイアス
◯ 不作為バイアス　◯ 確証バイアス　など

＼ 他者との関わり ／

◯ 同調効果　◯ 社会的選好
◯ 社会規範　◯ 利他性
◯ 互酬性　など

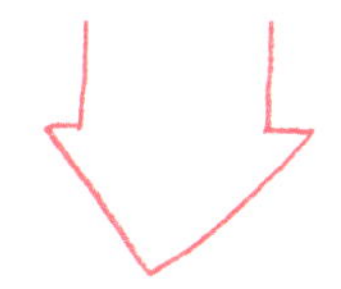

わかっていても……さまざまな認知のゆがみが、合理的な意思決定の邪魔をする。

Point 3

社会をよりよくするアイデア

望ましくない
意思決定のクセに
どう対処する？

◯ ナッジ
◯ 選択アーキテクチャ
◯ リバタリアン・パターナリズム
など

上手に対処するための"仕掛け"が用いられることも。

監修

太宰北斗（だざい・ほくと）

名古屋商科大学教授。2005年慶應義塾大学文学部卒業。消費財メーカー勤務を経て、一橋大学大学院商学研究科博士後期課程修了。一橋大学大学院商学研究科特任講師を経て、2023年より現職。専門は行動ファイナンス、コーポレートガバナンス。著書に『行動経済学ってそういうことだったのか！ 世界一やさしい「使える経済学」5つの授業』（ワニブックス）がある。

参考資料

太宰北斗著『行動経済学ってそういうことだったのか！ 世界一やさしい「使える経済学」5つの授業』（ワニブックス）
岩澤誠一郎著『ケースメソッドMBA実況中継04　行動経済学』（ディスカヴァー・トゥエンティワン）

STAFF

本文イラスト　さいとうあずみ
本文デザイン　伊藤悠
校正　遠藤三葉
執筆協力　重信真奈美
編集協力　オフィス201（奥村典子）
編集担当　ナツメ出版企画（梅津愛美）

本書に関するお問い合わせは、書名・発行日・該当ページを明記の上、下記のいずれかの方法にてお送りください。お電話でのお問い合わせはお受けしておりません。
・ナツメ社webサイトの問い合わせフォーム
https://www.natsume.co.jp/contact
・FAX（03-3291-1305）
・郵送（下記、ナツメ出版企画株式会社宛て）
なお、回答までに日にちをいただく場合があります。正誤のお問い合わせ以外の書籍内容に関する解説・個別の相談は行っておりません。あらかじめご了承ください。

13歳からの行動経済学　推し活中学生のお小遣い奮闘記

2024年9月2日 初版発行

監修者　太宰北斗　　Dazai Hokuto, 2024
発行者　田村正隆
発行所　株式会社ナツメ社
東京都千代田区神田神保町1-52　ナツメ社ビル1F（〒101-0051）
電話　03-3291-1257（代表）　FAX　03-3291-5761
振替　00130-1-58661
制　作　ナツメ出版企画株式会社
東京都千代田区神田神保町1-52　ナツメ社ビル3F（〒101-0051）
電話　03-3295-3921（代表）
印刷所　ラン印刷社

ISBN 978-4-8163-7606-1　　Printed in Japan

※定価はカバーに表示してあります
※落丁・乱丁本はお取り替えします